미국의 거장들

차례
Contents

미국의 힘

자본주의의 심장이자 지구촌의 경찰국가로 불리는 미국의 힘은 국제 정치나 국제 경제를 좌우하는 막강한 영향력과 최첨단인 동시에 세계 최강인 군사력에서 잘 드러난다.

할리우드와 실리콘밸리는 세계 문화와 정보기술(IT)의 성지(聖地)로 자리잡았고 세계 각국에서 온 순례 인파들로 가득하다. 세계 금융의 중심인 월가와 세계 최고의 휴양지인 플로리다 해변에는 세계 금융인과 관광객들의 발길이 분주하다. 세계인들은 미국의 24시간 뉴스채널인 CNN과 스포츠채널인 ESPN을 통해 미국의 위력을 실감하며 DVD로 월트디즈니에서 제작한 영화나 애니메이션을 사 보면서 자신도 모르는 사이 미국 문화에 젖어들고 있다.

세계의 중심을 자처하는 팍스아메리카나(Pax Americana), 그
근원에는 자본주의로 대변되는 미국 경제의 힘이 도사리고 있
다. 월스트리트나 시카고 선물시장으로 대표되는 미국의 금융
시스템은 세계 경제를 좌지우지하면서 미국의 힘 아래 놓인 국
제통화기금(IMF), 세계은행(World Bank), 세계무역기구(WTO) 등
을 통해 세계 경제 시스템의 주 동맥 역할을 하고 있다.

　그 과정에서 이라크의 사담 후세인 정권이나 쿠바의 피델
카스트로 정권과 같은 반미국가에 대해 각종 제재나 군사적
침공을 하고, 9.11 테러를 주도한 테러그룹 알 카에다를 응징
하는 등 세계를 감시하는 미국의 서슬 퍼런 눈길은 미국적 문
화와 다른 종교와 문화적 배경을 가진 약소국들을 공포에 떨
게 하고 있다. 한편 자주와 민족자존의 기치 아래 미국 중심의
경제나 정치·문화체제를 거부하는 아시아, 아프리카, 남미 등
제3세계 국가들은 기아와 빈곤에 시달리고 있다.

　이처럼 미국은 유네스코(UNESCO) 등 자신의 지배력을 거
부하는 기구에 대해서는 철저하게 배타적 성향을 보이고, 자
신의 이해관계와 대립될 때는 '전가(傳家)의 보도(寶刀)'마냥
휘두르던 유엔 안전보장이사회의 결의도 무시하는 등 막강한
경제·군사력을 바탕으로 안하무인격의 태도를 취해 "세국의
몰락이 보인다"는 비판도 받는다.

　20세기에 들어서면서 미국은 제1차세계대전과 제2차세계
대전을 거쳐 세계 경제를 좌지우지하는 경제대국으로 성장했
다. 그러나 1950년대 후반부터 독일 등 유럽 여러 나라와 일

본의 경제부흥이 진전됨에 따라 전후와 같은 미국 경제의 압도적 지배력은 약화되었고, 1958년 이후로는 국제수지도 적자로 전락하면서 한때 미국은 쇠퇴기에 들어섰다는 평가를 받았다. 1973년 1월에는 유럽과 일본의 외환시장에서 일어난 달러화의 투매현상으로 인해 달러화의 평가절하가 이뤄졌고, 이에 따라 전후 세계 통화의 기준이 되었던 달러화의 신화가 무너지고 말았다. 그러나 달러화는 아직도 세계의 기축통화로서 막강한 위력을 발휘하고 있고, 이를 근간으로 하는 미국 경제는 여전히 세계 경제를 움직이는 주 동맥이다.

미국 경제가 1990년대 이후 전반적인 회복 양상을 보이면서, 막강한 경제력을 바탕으로 한 미국은 세계 최대의 자본주의국가이며 가장 부유한 초강대국이라는 위상을 더욱 확고히 했다. 그 과정에서 미국은 인권탄압을 일삼는 부도덕한 정권을 지원하는 한편 세계화 논리를 내세우며 자국의 핵 및 금융 우산 아래 새로운 지배질서를 구축하고 있어, 미국 내 및 제3세계에서 미국이 견지하고 있는 패권주의 정책에 대한 비판이 쏟아져 나오고 있다.

이 같은 미국 경제의 힘은 1776년 건국 당시에는 국가이념인 청교도주의에서 출발했지만, 그 배경에는 정치, 군사 및 외교력을 뒷받침하고 미국 사회를 지배하는 군산복합체의 군수업체나 유대자본이 중심이 된 금융 파워가 실질적인 역할을 한다.

전세계인들은—중국 베이징에서든 러시아의 모스크바나

아프리카 케냐의 오지에서든—CNN 뉴스와 월트디즈니의 만화영화를 시청하고 코카콜라를 마시면서 맥도널드 햄버거를 먹는다. 또 마이크로소프트사가 제작한 윈도우 시리즈를 사용하며, 리바이스 청바지를 입고, 할리우드의 공상과학영화를 보면서 세계의 정치·경제·사회·문화를 지배하고 있는 미국 기업의 영향력에서 한시도 벗어나지 못하고 있다. 이는 「L.A. 타임스」가 지난 1999년 10월 세계 경제에 엄청난 변화를 가져온 인물 66명을 선정한 결과, 그 중 미국 출신이 60명을 차지했던 조사내용에서도 단편적으로 입증되었다.

가장 대표적인 미국 경영자의 모습은 자동차산업의 시조 헨리 포드에서 시작된다. 헨리 포드는 컨베이어 벨트를 도입해 처음으로 대량생산시대를 열고 자동차를 대중화했다. 그가 대량보급하기 시작한 자동차는 미국인은 물론 세계인에게 공간의 한계를 극복하게 해주었고, 20세기의 급격한 산업발전의 원동력이 됐다.

이후 무수한 미국 기업과 경영자들이 세계 경제를 주도해 나갔다. 자동차업계에서는 포드자동차를 필두로 제너럴모터스(GM), 크라이슬러, 석유업계에서는 엑손, 화학업계에서는 듀퐁, 다우케미컬, 유니온카바이드, 전기전자업계에서는 제너럴일렉트릭(GE), 모토롤라, AT&T, IBM, 제록스, 휼렛패커드, 애플, 마이크로소프트, 항공군수업계에서는 보잉, 맥도넬더글러스, 제너럴다이나믹스, 록히드, 노스럽그러먼, 식품업계에서는 필립모리스, 코카콜라, 맥도널드, 생활용품업체에서는 P&G,

이스트먼코닥, 존슨&존슨 등 헤아릴 수 없는 미국 기업들이 합병과 확장을 통해 명멸하면서 세계 경제를 주도해왔다.

물론 지나치게 미국적인 가치로 세계 경제를 독점하고 있다는 점에서 각종 비판과 비난을 받을 만한 충분한 이유가 있지만, 이들 기업과 경영자들은 기술적 창의력의 산물을 대중에게 한발 다가서도록 했고, 지구촌의 일반 대중이 쉽고 광범위하게 이용할 수 있도록 각종 첨단제품을 널리 확산시켰다는 점에서 높이 평가받는다. 이들 미국 경제를 이끌었던 경제나 경영계의 인물들을 통해 미국적 가치가 왜 20세기를 지배했는지, 그리고 21세기 들어 인터넷 등의 새로운 첨단매체를 통해 다변화되고 있는 일상에서 어떻게 미국이 여전히 세계 경제의 강자로 군림하고 있는지를 살펴보자.

20세기 최고의 기업가, 자동차왕 헨리 포드

헨리 포드(1863~1947).

헨리 포드(Henry Ford)는 자신만의 경영철학과 방식으로 20세기의 기업 스타일을 만들어낸 인물로 꼽힌다.

미국의 경제 전문 주간지인 『포춘 *Fortune*』은 밀레니엄 특집 '20세기의 기업가'에서 포드를 20세기를 대표하는 가장 탁월한 경영인으로 꼽았다. 기라성 같은 기업가들을 모두 제친 포드는 20세기적인, 그러면서도 가장 미국적인 삶의 스타일을 만들어낸 기업인으로 평가받는다. 또 새로운 관리방식을 적용한 대량생산체제를 일반 대중이 이용할 수 있도록 했고, 각종 자선사업을 통해 사회에 기여하는 선량한 기업가적 활동으로도 높은 평가를 받았다.

그는 미국 특유의 개척정신에 뿌리를 둔 '기업가 정신(Entre-preneurship)'을 바탕으로, 온갖 반대와 불확실성에 대한 고난 속에서도 기꺼이 위험을 감수하면서 새로운 가능성에 도전했다. 그 과정에서 기회를 발견하고, 필요한 자원을 동원해 혁신적인 시스템을 만들어간 가장 용기 있는 경영자라는 평가도 받고 있다.

발명왕 토마스 에디슨의 전기공장에서 엔지니어로 근무하던 포드는 퇴근 후면 집 창고로 직행, 자동차 발명에 매달렸다. 그는 1896년 마침내 삼륜차를 만드는 데 성공했고, 여기서 포드자동차의 신화가 시작됐다. 그로부터 몇 년 동안 헨리 포드는 자동차를 만들어 팔다 1903년 목수, 변호사, 은행가, 회계사 등 11명의 주주를 모아 포드자동차를 창립하면서 본격적으로 자동차사업을 시작했다.

그 해 7월, 2기통 엔진의 'A모델' 개발을 시작으로 차례차례 새 모델을 내놓던 포드는 1908년 'T모델'을 탄생시킴으로써 미국이 자동차 왕국으로 발돋움하는 결정적인 계기를 마련했다. 포드가 "모든 사람이 오랫동안 기다려온 바로 그 자동차"로 평가했던 T모델은 탄생 이후 1927년 단종될 때까지 19년 동안 총 1,500만 7,033대가 팔려나가는 대중적 인기를 누렸다. 포드는 1927년까지 생산을 계속한 T모델의 가격을 대당 850달러에서 290달러 수준으로 대폭 낮추며 자동차를 대중화시켰다.

이처럼 차량 가격을 최대한 낮춰 일반인들이 쉽게 이용하도록 하겠다는 포드의 창업정신은 1913년 컨베이어 벨트 생산방식의 탄생으로 이어졌고, 이로 인해 자동차 대량생산의 기틀이 마련됐다. 자동생산에 이동 조립 라인을 도입, 자동차 가격이 파격적으로 낮아진 가운데, 포드는 근로자들에게 당시로서는 매우 풍족한 일당 5달러의 임금을 지급함으로써 근로자들 스스로가 자신이 창조하고 있는 시장에 주체적으로 참여할 수 있도록 했다.

포드는 사후에도 높은 평가를 받는 경영자이다. 1947년 사망한 포드는 거액의 유산을 포드 재단에 남겼다. 현재 포드 재단은 규모 면에서 세계의 각종 재단 중 3위 안에 랭크되어 있고, 매년 기부액도 2위를 기록하고 있는 탄탄한 재단으로 꼽힌다. 2002년 한 해 기부액만도 83억 달러에 달하는 등 포드 재단은 매년 100억 달러에 가까운 기부로 사회 및 문화발전에 공헌하고 있다.

기업가 정신의 핵심은 미래를 내다볼 수 있는 비전과 역경을 뚫고 이를 성취할 수 있는 추진력으로 평가받는다. 포드의 공적은 신기술을 이용한 신제품을 소개하는 것에 그친 것이 아니라, 새로운 관리방식을 창출하고 새로운 경영철학을 제시하였다는 데 있었다. 포드는 '포디즘'이라 불리는 자신의 경영이념에 따라 고임금의 원칙을 실현했다. 그는 당시 하루 평균 2달러 30센트이던 임금을 5달러까지 올렸다. 그 결과 블루칼라라고 지칭되는 거대한 중산층이 형성되었다. 이제 그들은 자신의 손으로 만든 자동차를 자신의 임금으로 구매할 수 있게 되었으며, 스스로가 거대한 미국 경제력의 밑받침이 된 것이다.

이 같은 사회적 기여를 통해 그는 인간의 생활 패턴을 획기적으로 바꾸어놓았다. 포드가 꽃피운 자동차산업은 석유산업의 발전을 가져왔고, 뒤따라 고속도로가 건설됨으로써 교외 주택 건설을 촉진하여 주택 소유의 꿈을 이루게 했다. 이는 결국 도시의 규모와 역할을 바꿔놓고 국가적인 도시계획을 전면 개편하게 하는 등 인류의 삶에 지대한 영향을 미치게 되었다.

물론 그에 대한 비판도 많다. 포드는 고임금을 내걸고 노조를 탄압하거나 회유했으며, 컨베이어 벨트 시스템 등의 조립 라인으로 이루어낸 대량생산체제는 결과적으로 인간성 상실의 원인이 되었다. 포드는 테일러 시스템(Taylor System)과 같이 작업장에서 노동자의 움직임을 최소한으로 줄이는 시스템 구축을 선호했지만, 그 결과 작업에 나선 노동자가 스스로 사고하고 삶의 성취를 이룰 기회를 박탈당한 것은 휴머니즘에 대한 모욕이었다는 것이 그에 대한 비판자들의 논지다.

특히 포드 식 성과주의는 대량생산이라는 근대 산업체제의 혜택을 실제 노동자들에게 돌려주고자 했던 포드의 당초 선의와는 달리 미국을 비롯한 서구 자본주의의 냉혹한 성과주의로 이어져 각종 부작용을 낳고 있다. 효율과 눈에 드러나는 성과라는 측면만 강조하다보니, 노동자들은 과거 작업현장에서 가질 수 있었던 상대방을 배려하는 따뜻한 인간관계는 잃어버린 채 서로 간의 치열한 생존경쟁에 내몰리고 있다.

포드 식 성과주의에 따라 더욱 격렬해진 자동차업계의 경쟁은 포드 자신도 위기에 내몰리는 냉엄한 현실로 나타났다. 1923년 연간 생산대수 167만 대로 미국에서 만들어지는 자동차의 절반을 생산할 정도로 급성장하던 포드는 경쟁자인 제너럴모터스와 크라이슬러 등 다른 자동차업체들의 거센 도전에 따른 경쟁체제에 시달려야 했다. 1924년까지 총 1,500만 대를 생산할 정도로 성장세는 이어졌지만 1920년대 말에는 제너럴모터스, 1937년에는 다시 크라이슬러(현재 다임러크라이슬러)에까지 뒤지면서 미국 내 자동차생산업체 중 3위로 전락하는 수모를 겪어야 했다. 바로 자신이 주창한 포디즘의 성과주의와 대량생산주의에 따른 경쟁에서 뒤처진 때문이었다.

결국 이 같은 상황이 지속됨에 따라 포드는 한때 국유화설까지 나돌 정도로 위기가 계속되면서 경영파탄으로 몰락 직전까지 이르렀으나, 1945년 사장에 취임한 손자 H. 포드 2세의 적극적인 경영에 힘입어 사세가 만회됐다. 언제나 절대강자로 군림할 수 없는 정글식 생존주의를 가리키는 미국식 자본주의의 원조인 포드 식 성과주의는 이제는 세계화의 시대를 맞아 미국뿐 아니라 아시아나 아프리카의 오지까지도 자신들 각자의 고유문화를 무시한 채 치열한 경쟁을 강요하는 상황으로 내몰고 있다.

그러나 아무리 서구식 자본주의와 시장경제체제의 장점이 많았고 미국 기업들이 세계 경제를 좌지우지하는 힘을 갖더라도 인간의 존엄성과 존재 자체로서의 가치를 부각시키는 휴머니즘, 각 나라나 민족 고유의 문화적 특성과 장점을 발현시키는 지역주의, 수평적 인간관계를 중시하는 아시아적 가치와 유럽의 가족경영 등이 가진 장점을 마냥 부인할 수만은 없다는 것이 미국식 또는 포드 식 성과주의의 도입과 이후 역사에서 속속 입증되고 있다. 이에 따라 헨리 포드의 자동차에서 시작된 성과주의 중심의 대량생산체제와 이를 바탕으로 한 서구식 자본주의가 (다원적인 가치체계가 존중되는 현대사회에서) 어떻게 조화를 이루고 그 생존력을 유지할 수 있느냐는 문제가 다시 세인들의 관심을 끌고 있다. 과연 포드 식 성과주의와 서구식 자본주의가 당초 헨리 포드가 의도했던 인간 삶에 대한 기여 등 선의의 결과를 내놓을지, 아니면 근대화 과정에서 나타났던 노동 착취와 인간 소외 현상 등을 거듭했던 아픈 역사로 다시 귀결될지는 미지수다. 그러나 지구촌 곳곳에서 미국을 비롯한 서구식 성과주의의 편협함을 극복하고 인간의 존엄성에 기여하는 기술문명을 구현하려는 눈물겨운 시도는 뜨겁게 펼쳐지고 있다.

강철왕, 앤드류 카네기

앤드류 카네기(1835~1919).

미국의 산업자본가로서 '강철왕'이라는 별명을 갖고 있는 앤드류 카네기(Andrew Carnegie)는 세계 철강시장을 좌지우지하면서 부를 축적한 전설적인 인물이다.

카네기는 오랜 세월 동안 '돈 벌기'에만 급급해한 것이 아니라 그 부를 사회에 환원시킨 존경할 만한 경영자였다는 평가를 받고 있다. 이전의 부자들이 돈을 버는 데만 급급했던 소위 '샤일록(Shylock)형 부유층', 즉 졸부로 평가받았다면, 그는 최초로 '노블리스 오블리제(nobless oblige)'라는 개념을 기업과 경영에 접목시켜 진정으로 시대를 앞서 간 경영자였다는 평가를 받고 있다.

스코틀랜드 출신으로 직공의 아들로 태어난 카네기는 1848년 가족과 함께 미국의 펜실베이니아 주 피츠버그로 이주했다. 방적공, 기관조수, 전보배달원, 전신기사 등 여러 직업을 전전했던 그는 1853년 펜실베이니아 철도회사에 취직하였다. 1865년까지 이 회사에서 12년을 근무하는 동안, 그는 침대차 회사에 투자하여 큰 이익을 얻었으며 철도 기자재 제조회사, 운송회사, 석유회사 등에도 투자하여 거액을 벌어들이며 사업가적 기질을 유감없이 발휘했다. 1865년 철강 수요의 증대를 예견하여 철도회사를 사직한 카네기는 독자적으로 철강기업을 경영하기 시작했고, 1872년 홈스테드 제강소를 설립했다. 1870년대부터 미국 산업계에 기업합병의 붐이 일자, 그는 피츠버그의 제강소를 중심으로 석탄, 철광석, 광석 운반용 철도, 선박 등에 걸친 대 철강 트러스트를 형성했다.

카네기가 1892년 설립한 카네기철강회사는 당시 세계 최대의 철강 트러스트로서 미국 철강 생산의 4분의 1 이상을 차지했다. 1901년 카네기는 이 회사를 4억 4,000만 파운드에 모건계의 제강회사와 합병하여 미국 철강시장의 65%를 지배하는 US스틸사를 탄생시켰다. 이 합병을 계기로 카네기는 사업에서 손을 뗀 뒤 카네기 공과대학, 카네기 교육진흥재단에 3억 달러 이상을 투자하는 등 교육과 문화사업에 몰두하면서 제2의 경영자적 인생을 살기 시작했다. 그는 저서 『민주주의의 승리

Triumphant Democracy』(1886) 『사업의 왕국 *The Empire of Business*』 (1902) 『오늘의 문제 *Problems of Today*』(1908) 등을 통해 "인간의 일생을 2기로 나눠, 전기에는 부를 축적하고 후기에는 축적된 부를 사회복지를 위하여 투자해야 한다"는 신념을 피력했고, 실제로 이를 실천했다는 평가를 받고 있다.

카네기는 사회적·문화적·인도적 견지에서 교육 및 학술연구의 진흥 그리고 사회봉사활동을 위해 총 2억 3,600만 달러에 달하는 기금을 신탁해 카네기 재단을 설립하고 자신의 사후에도 선행이 이어지기를 기대했다. 미국인 및 영국연방 주민 간의 지식보급과 이해의 증진을 목적으로 1911년 1억 3,500만 달러의 기금으로 설립한 뉴욕 카네기 재단(Carnegie Corporation of New York)은 카네기 왕국을 대표하는 재단이다. 대학과 그 외 교육시설, 성인교육, 미술교육, 기타 계획을 재정적으로 원조하고 있으며 1946년 이후에는 특히 사회과학의 진흥과 교육법의 개선에 중점을 뒀다.

카네기는 『부(富)의 복음』이라는 책에서 "부호들은 그들 생전의 부를 사회에 환원해야 한다"고 주장했다. 실제로 카네기는 1899년, 자신이 한평생 모은 재산 3억 5,000만 달러 거의 전부를 사회에 환원했다. 돈으로 환산하기조차 어려운 거금이지만, 그는 기업의 사회적 책임을 강조하면서 기꺼이 이를 사회사업에 기부했다. 이 점에서 카네기는 자신의 만족과 사치를 위해 돈을 썼던 당시의 부유층과는 차원이 다른 사회적 관점과 철학을 갖고 있었던 셈이다. 결국 세계 기업사에서 카네기의 경영철학은 20세기 세계 경제에서 미국 경제가 주역 역할을 하는 원동력으로 작용했다는 점에 의미를 둘 수 있다.

그러나 카네기는 기업운영 면에서는 철저하게 관련 산업을 독점하거나 과점하면서 중소기업들이 싹을 틔우거나 성장할 여지를 없앴다는 점에서 이후 세계 경제를 좌지우지하게 되는 미국 경제와 미국 기업의 부정적 행태에 대한 사례가 되는 대표적인 경영자라는 평가도 받고 있다. 경제는 대기업은 물론 규모는 작지만 다양하고, 고객이나 소비자의 요구를 만족시킬 수 있는 친근한 기업이 성장할 수 있는 토양 아래서 균형 있게 발전할 수 있기 때문이다. 그래서 카네기의 기업경영에서 나타나는 독점적 행태나 문어발식 확장은 숱한 부작용을 양산했던 미국이나 선진국 기업을 비롯한 국내 재벌기업들이 반면교사(反面教師)의 교훈으로 삼아야 할 기업경영 행태로 지적할 만하다.

세계 최고^{의 자선 기업가, 존 록펠러}

존 록펠러(1839~1937).

세계적인 기업가이자 자선가로 꼽히는 존 록펠러(John Davison Rockefeller)는 뉴욕 주 리치퍼드의 빈곤한 가정에서 태어나 초등학교를 졸업한 뒤 1857년 클리브랜드 정유공장 서기로 일하다가 자수성가한 대표적인 경영자이다. 그는 시대 변화를 명민하게 관찰한 뒤 기업 인수 및 합병(M&A) 등을 통해 독점적인 부를 일군 경영자적 자질과 함께 앤드류 카네기처럼 자선사업을 통해 사회에 부를 환원한 점에서 높은 평가를 받는다. 그러나 석유산업의 지나친 독점화와 관련해 비판을 받았고, 명백한 후계구도를 두지 않아 대를 거듭할수록 자손들 간의 갈등과 반목이 깊어졌다는 점에서 후세의 경영자들에게 경종을 울리기도 한다.

1859년 친구와 함께 상사회사(商事會社)를 설립하면서 사업에 뛰어든 록펠러는 1863년 부업으로 클리브랜드에 정유소를 설립하면서 경영 현장에 본격적으로 뛰어들었다. 이 정유소가 번창하면서 그는 1870년 오하이오 주 클리브랜드에 자본금 100만 달러의 주식회사 형태를 갖춘 오하이오 스탠더드 석유회사(Standard Oil Co. of Ohio)를 설립했다. 록펠러는 이 회사에 사장으로 취임한 뒤 다른 회사들을 흡수하는 방법으로 사업을 급속히 확대했다.

록펠러는 위험부담이 많은 원유 탐광이나 생산에는 참여하지 않은 채 직접 수송 부문을 독점한 뒤 원유 생산의 지배와 정제업자의 통합을 성공시키는 방법으로 자신의 사업가적 수완을 입증했다. 특히 철도회사들과 독점적이면서 배타적인 석유수송계약을 체결하고, 유전과 적출역을 잇는 파이프라인을 독점하는 등의 방법으로 다른 석유업자를 압도한 뒤, 차차 산하에 흡수함으로써 빠른 속도로 미국 석유시장을 지배해나갔다. 1882년 약 40여 개의 정유업자 및 파이프라인 회사와 트러스트 계약을 체결함에 따라 미국 내 정유소의 95%를 지배하는 스탠더드오일 트러스트를 결성해 미국 정유 능력의 80%와 파이프라인의 거의 전부가 록펠러의 지배를 받게 됐고, 20

세기 들어 해외사업 또한 급속히 확장되었다.

그러나 군소 정유소나 송유관 회사를 지배하기 위해 고안했던 트러스트 형식은 독점기업체 형성을 자극하면서 다른 기업들의 잇따른 반발에 직면했고, 이를 규제하려는 반트러스트법인 셔먼독점금지법에 따라 1890년 오하이오 주(州)재판소로부터 결국 위법판결을 받았다. 이 법률로 인해 1899년 스탠더드오일 그룹은 지주회사로 개편되었으나, 다시 1911년에 반트러스트법 위반 혐의로 미국 연방 최고재판소의 해산명령을 받아 뉴저지 스탠더드오일(엑손), 캘리포니아 스탠더드오일(셰브런), 뉴욕 스탠더드오일(모빌) 등의 33개 독립회사로 해체되었다.

그 후 재계에서 물러나 자선사업에 몰두한 록펠러는 1913년 록펠러 재단을 창립, 기아 근절, 인구 문제, 대학의 발전, 개발도상국 원조 등 다양한 활동을 펼쳤고, 죽을 때까지 모두 5억 4,000만 달러에 달하는 거금을 기부했다. 록펠러 재단은 최근에는 아시아와 아프리카 등 신흥국에 대한 원조를 확대하고 있다. 록펠러 2세는 아버지에 못지않은 액수를 기부해서 록펠러가를 미국 최고의 자선 가문으로 만들었지만, 나중에는 자손들의 재산다툼이 벌어지면서 세인들의 빈축을 사기도 했다.

세계 최고의 자동차 경영자, 앨프리드 슬론과 존 스미스

세계적인 자동차 제조회사인 GM은 북아메리카 이외의 24개국에 28개의 해외 자회사를 두고, 169개국에서 자동차를 판매하고 있는 세계적인 다국적기업이다. 1920년 앨프리드 슬론(Alfred Pritchard Sloan Jr.)의 취임 이후 대대적인 개혁에 나선 GM

앨프리드 슬론(1875~1966).

은 1928년 이래 포드자동차를 누르고 업계 수위이자 세계 최고의 자동차회사라는 영예를 굳건하게 지키고 있다.

슬론은 과거 군소 자동차회사에 불과했던 GM의 경영을 세계적인 수준으로 끌어올리며 헨리 포드 등과 함께 미국 경영을 이끈 대표적인 경영자라는 평가를 받아왔다. 또한 2003년 현재 회장을 맡고 있는 존 스미스(John F. Smith, Jr.)는 위기의 GM을 구하며 GM을 세계적인 기업으로 우

존 스미스(1938~).

뚝 세우는 역할을 했다.

GM의 아버지로 불리는 슬론이 GM의 전면에 나선 것은 회사가 설립된 지 12년 만인 1920년이었다. GM은 금속제품, 디젤엔진, 가전기기, 국방, 우주 부문에까지 사업 범위를 넓혀나간 대표적인 다국적기업으로 그 첫 출발은 마차에서 시작됐다. 1908년 마차 제조업자였던 W.C. 듀랜트(1861~1947)가, 미시간 주 디트로이트에서 설립한 GM은 이후 뷰익, 캐딜락, 올즈모빌 등의 자동차 제조회사와 부품회사를 산하에 흡수하였고, 시보레를 추가하여 기업을 확대해갔다.

그러나 1920년, 불황이 시작되면서 주먹구구식 경영을 해온 듀랜트는 퇴진할 수밖에 없었고, 슬론이 GM의 회장으로 취임했다. 대주주인 뒤퐁과 금융왕 J.P. 모건의 전폭적인 지원 아래 회장에 취임한 슬론은 회사의 재건을 위해 획기적인 조직개혁을 단행했다. 슬론은 고민 끝에 분권적 사업부 조직이라는 해결책을 제시했고, 이 같은 독창적인 조직 운영방식은 후에 미국 회사의 모범이 되었다. 슬론은 캐딜락, 시보레 등 5개 자동차회사를 GM의 우산 아래 묶으면서 과거 기술적인 측면에서만 바라봤던 대기업 관리경영을 예술의 경지로까지 승화시켰다는 평가를 받았다.

슬론은 GM의 기존 경영방식을 대대적으로 개편했고 고객의 소득수준에 알맞은 차종의 다양화, 스타일링의 중시, 매년 모델 변경, 할부판매 등 판매전략에서도 독창적인 역량을 발휘하였다. 제2차세계대전 후 차량의 대형화에 나선 그는 1960년대에는 콤팩트카와 스포츠카로도 성공했고, 1980년대에는 항공우주산업과 첨단공학 분야에도 진출하여 다변화를 시도하였다.

이 같은 슬론의 경영방침을 이어받은 후계자들 역시 흑인 중역을 기용하고, 일시해고자 10만 명에 대한 1인당 300달러씩의 크리스마스 보너스를 지급하는 등 사회적 책임에도 적극적인 자세를 보였다. 슬론은 세계 및 미국 경영에 대한 높은 기여도를 인정받아, 미국의 대표적인 명문대학으로 불리는 MIT의 경영대학은 슬론의 이름에서 따와 '슬론 경영대학(Sloan School of Management)'으로 불리고 있다.

이처럼 GM의 성공의 기틀을 닦은 슬론에 이어 GM의 위기를 극복하고 제2의 전성기를 이끈 인물은 재계에서 '스텔스 폭격기'로 불렸던 존 스미스 회장이다. 스미스는 취임하던 1992년, 과거의 영화를 잊은 채 파산의 벼랑 끝에 서 있던 GM의 부흥을 이끄는 중책을 맡았다. 자동차 판매량이 매년 40% 하락하고, 이 년 동안 매일(근무일수 기준) 5,000만 달러씩 쌓여

가는 적자를 참다못한 사외이사들은 이사회 때 전격적으로 총수를 갈아 치우며 스미스를 영입했다. 그는 취임 직후 '표준화를 통한 원가절감'을 시작으로 대대적인 조직개혁에 나섰다.

스미스는 GM의 최대 문제가 통제 불가능의 복잡한 시스템이라는 진단을 내리고 당시 난립해 있던 27개의 구매 부서를 단일조직으로 통합시키는 한편 부품 표준화에 착수했다. 그는 표준화를 통해 얻어진 원가절감 효과와 동시에 제품의 세분화 전략을 취했다. 또 '빠르게 그러나 전략적으로'라는 조직 엔지니어링 전략에 따라 전략 이사회를 창설해 생산, 엔지니어링, 판매, 마케팅, 재무, 인력, 물류, 구매, 홍보 담당 이사 14명을 참석시켰고, 이들 이사들의 의견이 입체적으로 조명된 전략은 곧 긍정적인 성과로 연결됐다. 1961년 경리직으로 GM에 발을 디뎠던 스미스 회장은 재무 전문가답게 이익 센터를 만들어 재무기능에 집중했고, 그 과정에서 수익성을 최대의 과제로 내세웠다.

결국 스미스는 취임한 지 일 년 육 개월 만인 1992년 235억 달러의 적자에서 1993년에 25억 달러의 흑자로 경영상태를 바꿔놓았고, 1997년에는 전년대비 35% 늘어난 67억 달러의 흑자를 기록하는 성공신화를 만들어냈다. 이후 스미스 회장은 '세계 초일류 자동차기업'이라는 목표를 설정한 뒤 북미 지역의 신모델공략과 해외생산 능력 보강에 나서는 등 국제화에도 힘을 쏟았다. 한국의 대우자동차를 인수하는 등 'GM의 국제화'에 나선 스미스는 40%대를 밑도는 해외 자동차 판매

비중을 2006년에는 절반 이상으로 끌어올린다는 계획을 수립했다. 대몰락의 위기에서 '생존'만을 지상 목표로 내세웠던 GM의 목표를 '세계 초일류 기업'으로까지 바꾸며 과감한 도전정신으로 조직문화의 혁신을 이룬 스미스는 21세기 들어서도 새로운 성공신화를 일궈나갈 경영자로 주목받고 있다.

그러나 국제 시장 점유율 높이기를 통한 세계 초일류 기업이라는 목표가 항상 긍정적인 결과만을 가져다주는 것은 아니다. 세계 시장을 상대로 하는 거대 기업으로 몸집을 불릴 경우 세계 경제환경의 급속한 변화에 신속히 대응하지 못하는데다 경기침체에 따라 거대 메이커들의 주 고객이었던 고가 대형차 수요자들이 저가 중소형차로 이동하면서 GM은 고전을 거듭하고 있다. 특히 경제부진 때문에 고심하고 있는 유럽 지역에서 손실이 큰데다 9.11 테러와 이라크 전쟁 등의 악재가 겹치면서 비용절감 등의 고육책 마련에 나서고 있다. 슬론의 개척정신이나 스미스의 개혁정신과 함께 시대 변화에 적응하려는 GM의 사례에서 역사와 세월의 흐름에 순응하면서도 수익성을 높여야만 하는 기업의 고민을 읽을 수 있다.

컴퓨터시대의 선구자, 토마스 왓슨

토마스 왓슨(1874~1956).

토마스 왓슨(Thomas John Watson)은 한때 세계 컴퓨터 시장의 70-80%를 장악했던 미국의 컴퓨터, 정보기기 제조업체인 IBM(International Business Machines Corporation)을 창업, 컴퓨터시대의 개막을 이끈 선구자적인 경영자로 20세기를 대표한 기업가이다.

그는 아메리칸 드림의 상징, 초우량 기업, 강력한 미국을 상징하는 IBM을 미국 역사상 배당이익이 가장 많은 기업으로 만들었다. 또한 사원교육, 노무관리, 생산관리 등 여러 면에서 오늘날 세계적으로 유명한 IBM방식을 정착시킨 경영자였다.

천공카드시스템(PCS)을 고안한 H. 홀레리스가 1896년 뉴욕주 아몬크에서 창설한 CTR(Computing Tabulating Recording co.)사는 경영부진에 빠진 뒤 1914년 토머스 왓슨을 사장에 영입, 급성장의 계기를 맞았다. 왓슨은 타뷸레이팅 머신을 '펀치카드시스템(PCS)'으로 전환하면서 CTR을 사무기기의 정상 기업으로 만들었다. PCS는 컴퓨터가 태어나기 전까지 대규모 사무처리 부문에서 사무효율화기기의 정상을 지켰다.

당시 홀레리스가 영입한 왓슨이 1917년 CTR이라는 회사명을 IBM으로 바꾸자 사내외에서는 회사의 실체를 모르겠다는 비판이 쏟아져 나왔다. 하지만 '비즈니스 머신'이라는 새로운 이름은 컴퓨터와 첨단기술 제품의 개념을 포함시킨 사업비전으로 이어져 세계 컴퓨터시장의 대부분을 장악하는 세계 굴지의 기업으로 발돋움하는 데 견인차 역할을 했다.

왓슨은 사내외의 격렬한 반대와 과거 상호에 안주하던 직원을 지속적으로 설득하는 한편 대공황에도 종업원을 해고하지 않는 등 독특한 경영철학을 펼치며 IBM을 대기업으로 키워나갔다. 1933년 최초의 전동타자기를 개발한 것도 이 같은 종업원에 대한 애정이 쌓이면서 나타난 결과였다. IBM은 뉴딜정책의 결과로 확대된 PCS시장의 85%를 독점했다. 제2차세계대전중에는 무기 생산에 힘입어 비약적으로 발전했고 각종 첨단기술을 개발하면서 잇달아 컴퓨터시대의 신기원을 열었다.

왓슨 1세에 이어 아들 왓슨 2세가 1956년 42세의 나이로 최고경영자에 오르면서 이들은 부자 경영자로 명성을 떨쳤다. 재미있는 사실은 컴퓨터의 대명사인 IBM의 왓슨 1세와 왓슨 2세가 당초에는 컴퓨터 분야 진출에 소극적이었다는 점이다. 왓슨 2세는 초기 컴퓨터인 에니악과 같은 기능을 갖는 기계를 IBM에서도 생산해달라는 고객들의 요구와 사내 간부의 설득으로 컴퓨터 분야 진출을 결심하지만, 당시 IBM의 황제였던 아버지 왓슨 1세는 이를 거부했다. 그러나 1950년 발생한 한국전쟁은 미국 내에서 애국심 논쟁을 유발했고, 유달리 애국심이 강했던 왓슨 1세가 회사 내에 군수 부문을 설치하라고 지시한 것이 컴퓨터산업 진출의 발단이 됐다. 왓슨 2세는 군수 담당 부서에서 컴퓨터 개발에 착수하라고 지시한 뒤, 아버지인 왓슨 1세에게는 컴퓨터를 '국방계산기'라 이름 붙이며 대대적인 프로젝트를 전개해 결국 IBM은 컴퓨터산업의 왕자로 군림하게 된다.

이들 왓슨 부자의 경영에는 비미국적 요소가 많았다. 첫 번째가 '평생고용(Non Layoff)'정책이었다. 이전에 회사에서 쫓겨난 아픈 과거를 가진 왓슨 1세는 이 정책을 철저히 지켰고, 그의 아들도 이를 이어받았다. 둘째는 문호개방정책이었다. 이는 제도적으로 불만이 해결되지 않을 경우, 사원들이 직접 최고 간부에게 시정을 요구할 수 있는 제도다. 셋째, 외부 영입의 배제도 또 다른 원칙이다. 과학자나 변호사 등의 외부 고용이 필수적인 특수 분야를 제외하고, IBM 간부는 대부분 말단에서 시작한 IBM맨으로 구성됐다.

그러나 이 같은 IBM의 성공신화도 급격한 정보통신혁명 등의 사회 변화에 따라 다소간 퇴조양상을 보이고 있다. 세계 정보기술업체 중 2001년까지 순이익 측면에서 1위를 차지했던 IBM은 2002년에는 빌 게이츠의 마이크로소프트와 한국의 삼성전자에 밀려 3위에 그치는 등 정상에서 한발 물러난 양상이다. 이는 아무리 뛰어난 기술력과 전통을 가진 기업일지라도 변화하는 사회의 조류에 적응하지 못하는 한 영원한 강자의 지위를 지킬 수 없다는 약육강식의 전쟁터, 기업경영의 현장을 적나라하게 입증하고 있다.

세계 유통업계의 대부, 샘 월튼

샘 월튼(1918~1992).

월마트의 창시자인 샘 월튼(Samuel Moore Walton)은 대형할인점 월마트를 세계 유통을 대표하는 유통업체로 성장시키는 과정에서 고객만족과 저비용 구조를 실현시키며 소비자 중심의 현대사회에서 기업체가 갖춰야 할 경영 전략을 잘 보여줬다.

미국의 한 시골 잡화상을 이런 거대 유통업체로 성장시킨 샘 월튼은 "정상을 넘보는 도전자는 항상 존재한다. 경쟁의 선두에 서기 위해서는 계속 변화하고, 계획을 실행해야 한다"며 냉철한 생존경쟁이 치열하게 벌어지고 있는 유통현장에서 정점에 설 수 있는 방법으로 소비자 중심의 경영철학을 주창해왔다. 미국 경제를 세계 경제에 거미줄처럼 펼쳐내는 역할을 한 월마트의 성공은 유통업체의 경영과 생존전략이 어떻게 이뤄져야 할지를 잘 말해준다.

월튼은 1945년 벤 프랭클린이라는 잡화점 체인을 운영하는 지역 소매상과 계약을 맺고 아칸소 주에서 싸구려 상품을 파는 잡화상을 인수하면서 소매업에 진출했다. 월튼은 이 과정에서 가격을 낮추면 판매가 늘어나고 결국 더 많은 이윤을 남길 수 있다는 할인판매전략, 즉 인구 1만 명을 넘지 않는 도시에서도 할인점이 충분한 사업성을 갖고 있다는 소도시 중심의 진입전략을 배웠다. 이를 바탕으로 할인업 진출을 결심한 월튼은 1962년 할인점 개설 붐 속에 월마트 1호점을 열었다. "우리는 싸게 팝니다" "고객의 만족을 보증합니다"라는 구호를 내건 월튼은 싸구려 잡화 체인점들이 대거 창고형 할인점으로 전환하던 변화의 시기를 예리하게 포착하고, 비용절감과 고객만족 경영이라는 원칙으로 유통업에서의 성공을 위한 첫발을 내디딘 것이다.

유통업의 황제를 꿈꾼 월튼의 첫 번째 전략은 물류 첨단화를 위한 투자였다. 월마트의 성장을 관리하고 비용구조를 낮추기 위해서는 컴퓨터가 필요하다고 확신한 월튼은 매장의 현금등록기에서 임원들이 사용하는 PC까지 회사 전체를 아우르는 컴퓨터망을 구축했다. 이 밖에도 공급자까지 컴퓨터망으로 끌어들여 월마트의 상점과 공급자 양쪽을 컴퓨터로 연결했고,

상품에 바코드를 붙여 상품을 자동으로 인식하는 자동인식기능이나 컴퓨터화된 재고 목록 시스템도 도입했다. 트럭과 배송 센터에 대한 투자도 대폭 늘려 물품을 제 시간에 공급할 수 있도록 개선했다.

월마트가 인공위성 시스템까지 동원한 세계 최고의 첨단 배송체계를 갖출 수 있었던 것은 컴퓨터시대의 도래라는 사회 변화의 코드를 읽어낸 월튼의 동물적 경영감각 덕분이었다. 규모의 효율성과 경제성을 통한 시간과 비용절감을 통해 월마트는 가격파괴 전쟁에서 승리할 수 있었다. 이에 비해 경쟁업체인 K마트는 마케팅과 상품개발 등에서 과거 방식으로 대응했고, 비용절감보다는 광고를 통한 홍보에 초점을 맞췄다. 이런 K마트의 광고전략은 브랜드 이미지 개선에는 성공했지만 월마트의 첨단 배송체계에 따른 비용절감에는 따르지 못했다.

월튼의 두 번째 전략은 연관 사업의 다각화였다. 1980년대 초 월튼은 경비를 줄여 소규모 자영업자들이나 대량으로 물건을 구입하는 고객을 대상으로 월마트보다 싼값으로 물건을 파는 창고형 할인점 샘스클럽을 발족시켰다. 또, 1988년에는 대형매장으로 인해 상품의 신선도가 떨어지고 진열상태가 나쁘다는 단점을 갖고 있었던 하이퍼마트를 개조, 할인매장과 하이퍼마트를 결합한 슈퍼센터를 만들었다.

이런 다각화 전략에 힘입어 1990년부터 월마트는 매출과 순익 양면에서 K마트와 100년 역사를 지닌 시어즈를 앞질렀다. 1991년에는 멕시코시티에 처음으로 국제 점포를 개점하면서 월마트는 국제적인 회사로 발돋움하게 된다. 현재 월마트는 멕시코를 비롯한 캐나다, 독일, 아르헨티나, 브라질, 중국 등의 7개국에 607개의 해외 체인점을 보유하고 있다.

영국의 경제일간지 「파이낸셜타임스」는 최근 월마트가 10년째 매출과 이익이 평균 15%의 고성장을 이어가면서 라이벌 K마트가 파산보호신청을 한 것과 대조적인 성공가도를 달리고 있다고 지적했다. 「파이낸셜타임스」는 구매력을 바탕으로 한 저가전략과 최첨단 유통망 및 재고관리 시스템, 고객 서비스와 검소한 기업경영 문화를 성공의 열쇠로 꼽았다. 또, 미 국방부에 이어 두 번째로 막강한 최첨단 위성통신망과 중앙 데이터베이스로 납품·제조업체들에게 전날 매출실적과 매출예상 관련 자료를 제공한다는 점에서 향후 전망도 매우 밝다고 분석했다.

월마트는 최근 미국 내 일부 매장에서 수표의 현금 교환이나 전신환 및 송금수표 서비스를 제공하는 금융 서비스시장에도 진출했다. 우체국에서 1달러를 물리는 송금수표에 대해 46센트만 부과하는 등, 트레이드마크인 저가전략을 펼치고 은행과 카드회사, 제조업체 등과의 다양한 제휴카드로 고객을 끌어들인다는 전략이다. 그러나 유통업에서의 성공을 지나치게 낙관한 나머지 자칫 실패의 가능성이 큰 금융업까지 진출하는 문어발식 확장은 큰 화를 자초할 것이라는 우려 섞인 전망도 나오고 있다.

경영학의 시조, 피터 드러커

피터 드러커(1909~).

세계 제일의 회사로 꼽혔던 제너럴일렉트릭(GE)사의 잭 웰치 회장이 취임하자마자 자문을 구한 사람은 누구였을까? 그는 바로 전임 회장이나 노벨경제학상 수상자 혹은 미국 재무부 장관이 아니라 경영학의 시조라고 불리는 피터 드러커(Peter F. Drucker) 교수였다. 미국의 50대 기업가들이 한결같이 큰 영향을 받았다고 입을 모으는 경영학자도 바로 드러커 교수다.

드러커는 90세를 훨씬 넘어선 지금까지 30권의 책을 썼다. 이들 책 중 상당수는 경제나 경영의 변화를 정확하게 제시하고 미래 경제를 예언했고, 모두가 세계적인 베스트셀러 목록에 올라 있다. 미국의 많은 기업경영인을 세계 수준으로 끌어올린 세계 제일의 조언자로 각광받는 그는 세인들에게 미래의 삶과 경영자의 갈 길을 제시해주는 선지자적인 삶을 살고 있다.

경영학자이자 미래학자인 피터 드러커는 1909년 오스트리아 비엔나에서 정부 고관이던 아버지와 의학을 전공한 최초의 오스트리아 여성인 어머니 사이에서 태어났다. 그는 비엔나와 프랑크푸르트 대학에서 법률학, 경제학, 철학을 비롯한 사회과학과 인문과학 등 제반 학문을 폭넓게 공부했으며, 1931년 동대학에서 법학박사학위를 받았다. 1933년 나치체제에서 탈출, 영국으로 건너간 드러커는 영국 런던은행의 경제고문을 지냈고, 1937년에는 미국으로 건너가 영국은행의 고문과 영국신문의 주미 특파원을 역임했다. 그는 이 같은 언론경험을 바탕으로 세계적인 경제일간지 「월스트리트저널」에 고정 기고하면서 자신의 이론을 대중화시키고 있다.

1939년 첫 저작 『경제인의 종말 The End of Economic Man』을 출간한 그는 미국 기업들을 두루 접촉하면서 서구사회의 기업과 경영에 대한 연구에 몰두했다. 제너럴모터스(GM) 등의 초청으로 현장 경험을 쌓게 된 드러커는 이후 기업론과 경영론에 대한 폭넓은 연구물을 내놓았다. 그는 1942년부터 1949년까지 버몬트의 배닝턴 대학에서 철학과 정치학 교수를 지낸 뒤 1950년부터 1972년까지 뉴욕 대학 경영학 교수를 역임했다. 또, 캘리포니아 주 클레어먼트 대학원에서 1971년부터 석좌교수를 지내왔고, 피터 드러커 경영대학원 원장도 맡고 있다.

그는 인류 역사가 산업혁명, 생산성혁명, 경영혁명으로 구성되어 있고, 그 중 경영혁명은 지식을 응용해 기업뿐 아니라 사회 각 부문에 파급되는 자본주의 이후의 문화를 통해 지식사회와 조직사회가 균형을 이루면서 상호 융화작용할 때 이뤄진다고 분석한다. 한편 미래사회가 선진국에 의해서만 주도되는 것은 아니며 범세계적으로 새로운 사회적 특징이 국가의 경계를 넘어 신속하게 파급되면서 전 지구적 범위에서 이뤄진다는 생각을 갖고 있다.

그는 근대사회에서 당연시됐던 가정과 규칙 및 경영관행들이 21세기에 들어서 혁명적인 변화를 겪고 있다고 파악한다. 기업뿐 아니라 정부, 공기업 등 모든 조직에 대해 경영학적인 적용을 해온 드러커는 과거 경영 및 관리가 근육과 육체 노동 및 각종 기계 메커니즘 중심의 산업시대 관리철학에서 움직였지만, 이제는 계산이 불가능한 지식노동과 정보노동이 중심이 되고 있음을 강조한다. 또, 과거 기업 및 국가에 의해서 처리됐던 각종 문제들이 기업의 역할로 넘어왔고, 따라서 우려되고 있는 각종 부정적 측면을 극소화하기 위해 기업의 사회적 책임이 더욱 커지고 있음을 강조한다. 그는 대기업을 운영하기 위해 고안된 사회적 발상인 경영이 그 효율성과 세련도가 증대되면서 소규모 조직, 비영리 조직, 대학, 정부 등 다양한 차원에서 활용되고 있음을 강조한다. 특히 기업의 사회적인 역할이 더욱 강조되면서 경영의 공공성에 대한 역할 증대가 관심을 모을 것이라고 지적한다.

　드러커는 총체적인 경영전략을 통해 떠오른 문제점을 찾아내어 그 원인이 되는 영향력과 요소들을 분석한 뒤, 이를 좀더 작고 해결하기 쉬운 문제로 분할해 그것을 해결함과 동시에 향후 경영상의 기회로 전환시키는 적극적인 측면을 강조했다. 현재 그는 현대사회에서 가장 핵심적인 역할을 하고 있는 기업들의 운영을 위한 경영이라는 개념과 현실 적용이 향후 사회와 대중의 이익을 위해 어떤 역할을 할 것인가에 관심을 쏟고 있다. 또, 경영은 과거와 달리 더 많은 전문가들이 참여하는 정보사회라는 점에서 과거와 같은 기계주의적인 생산체제가 아닌 지식작업으로 전화됐고, 이를 위해서는 훈련과 투자 및 지속적인 교육이 중요하다는 점에서 앨빈 토플러의 미래철학과 상통하고 있다. 그는 지적 토대를 갖지 못한 국가는 정보사회로 도약할 수 없다는 점에서 각국은 지속적인 훈련과 교육을 통해 새로운 미래사회의 변화에 적응해야 한다는 점을 강조하고 있다.

세계 경제의 마에스트로, 앨런 그린스펀

앨런 그린스펀(1926~).

미국 경제를 진두지휘해온 앨런 그린스펀(Alan Greenspan) 연방준비제도이사회(FRB) 의장의 별명은 '세계 경제의 마에스트로(거장)'이다.

그린스펀은 미국 경제가 1991년부터 지금까지 10여 년간 상승국면을 달리도록 한 주인공이다. 그는 일자리를 만들어 실업자를 구제했을 뿐 아니라 국제 금융시장에서 미국 기업들의 자금 조달이 용이하도록 해 미국 기업들이 지구촌에서 그 경쟁력을 높이는 데 결정적인 역할을 했다. 그러나 비록 세계 최강대국인 미국

국민들에게는 꿈과 희망을 안겨줬지만, 전세계적으로는 미국인과 미국 경제만을 위해 봉사하면서 세계 전체의 이익에 반하고 후진국과의 격차를 크게 벌려 지구촌의 불평등을 더욱 심화시켰다는 비판도 함께 받고 있다.

월가의 대통령으로 불리는 그린스펀의 힘은 뉴욕 주식시장의 급등락이나 FRB가 발표하는 각종 경제지표 그 자체의 중요성보다 그린스펀이 이를 어떻게 해석하고, 정책에 반영할 것인가를 세계인들이 주목하는 데서 잘 드러난다. 그는 경제현상에 대해 선문답으로 일관하지만 그 속에 들어 있는 그의 의중과 암호와 같은 경제 관련 언어구사력을 뒤늦게 이해하고 고개를 끄덕이는 이들이 많다.

그린스펀은 1926년생으로 다섯 살 되던 해 부모의 이혼 때문에 뉴욕의 외조부집에서 성장했고, 음악을 좋아해 줄리아드 음대(the Juilliard School of Music)에 입학했다. 그러나 곧 연주자의 길을 포기한 그는 뉴욕 대학(New York University)에 입학해 경제사를 전공했고, 컬럼비아 대학에서 박사학위를 준비하다가 중도 포기한 뒤, 1977년 모교인 뉴욕 대학에서 20여 년간 발표한 논문과 경력을 인정받아 경제학 박사학위를 받았다.

그린스펀은 1954년 뉴욕에서 채권중개인으로 활동하던 윌리엄 타운샌드와 함께 경제 문제 컨설팅 회사인 타운샌드-그린스펀을 설립, 컨설턴트로 일하다가 친구의 소개로 1968년 리처드 닉슨의 대통령 선거캠프에 경제정책 조사책임자로 참여했다. 닉슨의 대통령 당선 후 백악관 예산실장을 담당했던 그는 닉슨이 워터게이트 파문으로 사임하자 제럴드 포드 대통령의 경제자문위원회 의장을 맡아 삼 년간 활동하게 된다.

로널드 레이건 대통령 당선 후 전국 사회보장 개혁위원회 의장, 대통령 경제정책 자문위원회 위원 등으로 활동하다 1987년 8월 FRB 의장에 발탁된 그는 취임 당시 환갑이 지난 나이였고, 이에 따라 "재직 기간이 어쩌면 일 년을 넘기지 못할 것"이라는 말로 업무를 시작했다. 그러나 실제로는 이와 달리 레이건에 이어 조지 부시, 빌 클린턴 그리고 조지 W. 부시 대통령 등 네 명의 대통령과 경제 문제에 대해 호흡을 맞추고 있다. 2003년 5월에는 부시 대통령이 2004년 6월인 그의 임기를 한 차례 더 보장하겠다고 밝힘에 따라 1951년부터 19년간 FRB를 이끈 윌리엄 맥 마틴의 기록을 넘어서 최장수 FRB의 의장이 될 전망이다.

탁월한 통화정책 감각을 가진 그린스펀은 '선제적인(Preemptive)' 통화정책을 통해 경기과열과 경기침체를 조기에 차단했다는 평가를 받고 있다. 대표적인 사례가 2001년 1월 3일의 전격적인 금리인하 조치이다. 당시 경기가 나빠지고 있었지만 많은 전문가들은 무리한 금리인하 조치는 취하지 않을 것이라고 전망했다. 그러나 그린스펀은 전화회의를 통해 전격적으로 0.5%포인트의 금리인하를 단행했다. 이에 따라 새해 첫날부터 폭락세를 보이며 심상치 않은 조짐을 보였던 뉴욕 주식시장은 나스닥 지수가 사상 최대의 상승폭과 상승률을 기록하는 반등세를 보였다. 주식시장과 채권시장의 움직임을 중시하며 신속하게 선제적으로 경제현상에 대응하는 이 같은 정책 운용방식 덕분에 그린스펀은 월가로부터 '세계와 미국 경제의 마에스트로'라는 명성을 얻었던 것이다.

그런 그의 명성도 세월의 흐름에 따라 다소 퇴색하고 있다. 2001년 노벨경제학상 수상자인 조지프 스티글리츠 컬럼비아 대학교 교수가 "그린스펀 의장의 능력에 의문이 생기고 있다. 경기 침체가 계속되고 있는데도 FRB는 경제를 회복시키지 못 했다. 또, 경제 거품현상을 사전에 차단할 수 있었는데 그렇게 하지 못했다는 비판도 일고 있다"고 공개적으로 비판하는 등 과거와 같은 무한대의 신뢰감을 이미 상실했다는 평가가 많 다. 그러나 최근 국내 중앙은행인 한국은행의 총재나 경제정 책의 최고봉인 재경부 총리가 실언을 거듭하면서 경제에 주름 살을 가게 했던 국내 사례에서 보듯, 탁월한 경제 지도자가 갖 춘 동물적 감각과 해박한 지식의 필요성은 아무리 강조해도 지나치지 않은 듯하다.

국제 금융 시장의 강자, 샌포드 웨일

샌포드 웨일(1933~).

수익경영과 기업 인수 및 합병(M&A) 전문가인 샌포드 웨일(Sanford I. Weil) 회장은 한때 위기에 빠졌던 시티그룹의 재기를 이끌고 있는 변신의 귀재다.

뉴욕 빈민가에서 태어나 실패를 거듭하며 뛰어난 M&A 수완을 익혀 마침내는 세계 최대의 금융회사 수장 자리를 차지한 웨일은 전형적인 입지전적 인물로 꼽힌다.

샌포드 웨일의 전략은 자금난으로 부도 직전에 처한 금융회사를 싼값에 인수, 과감한 감원과 비용절감을 통해 흑자회사로 전환시키고 이를 다시 비싼 값에 파는 전형적인 M&A였다. 그는 이제 세계 최대 금융회사의 최고경영자로서의 입지를 더욱 강화하고 있다.

웨일은 1985년 52세의 나이로 실업자 신세가 됐으나 이듬해 대부회사인 커머셜 크레디트를 시작으로 뛰어난 M&A 능력을 발휘해 재기에 성공할 정도로 부평초와 같은 놀라운 생명력을 유지하고 있다. 그는 채권 분야의 선두주자였던 증권사 스미스 바니와 생명보험사 트래블러스, 생명사인 애트나의 손해보험 부문, 증권사인 살로먼 브러더스 등을 차례로 인수했다. 이런 M&A의 과정을 통해 시티코프와 대등한 합병을 시도할 정도로 규모가 큰 트래블러스라는 금융그룹을 창조했고, 결국 100년 가까운 역사를 가진 시티코프를 합병한 뒤 최고경영자 자리에 올라 세계를 깜짝 놀라게 했다.

세계 최대, 최고의 금융회사인 시티그룹은 미국의 경제 전문지인 『포브스』가 매년 자산과 순익, 매출액, 시가총액 등 네 가지를 종합해 선정한 세계 500대 기업 중 1위에 오를 정도로 막강한 영향력을 갖고 있다. 시티그룹은 전세계 100여 개국 이상에 진출, 2억 개 이상의 계좌를 갖고 있으며 은행, 증권사, 생명보험사, 손해보험사, 자산운용사, 신용카드사 등 전방위적인 금융기업을 통해 세계 선도 금융기관의 역할을 하고 있다.

원래 시티그룹은 1812년 6월 미국 뉴욕 주에서 납입자본금 30만 달러와 수권자본금 200만 달러의 뉴욕 시티뱅크(Citi Bank of New York)로 인가받아 3개월 후인 9월부터 뉴욕 월스트리트에서 상인들을 대상으로 은행업을 시작했다. 이후 발전을 거듭한 시티그룹은 전세계 100여 개국, 2억 개의 고객계좌를 가지고 소매금융, 투자은행, 보험, 자산관리, 신용카드, 프라이빗 뱅킹 등에 이르기까지 방대한 금융 서비스를 제공하고 있다.

이 같은 세계 최대의 금융기관을 M&A기법을 활용해 합병한 뒤 CEO에 올라 화제를 모은 웨일은 1933년 3월 뉴욕 빈민가에서 태어났다. 월가에서 착실하게 역량을 닦은 웨일은 브루클린 출신의 야심과 월가 출신의 기민함을 모두 갖췄다는 평가를 받는다. 또한 친화력이 탁월해 각계에 두터운 친위 서클을 갖추고 있다는 세간의 평가를 들을 정도로 자기 관리에도 철저하다.

증권사 베어스턴스에서 브로커들에게 투자 정보를 전달해주는 월급 150달러짜리 메신저로 사회생활을 시작한 그는 27세인 1960년 이웃에 살던 동갑내기 친구들과 투자자문사 '카터, 베린드 & 웨일사'를 설립, M&A 중개를 하다가 사내 정치를 통해 파트너를 모두 몰아냈다. 이후 최고경영자에 오른 그는 1981년 자신이 M&A를 통해 키운 이 증권사를 신용카드 회사인 아메리칸익스프레스에 매각했다. 이후 아메리칸익스프레스 회장 및 자회사인 화이어맨스기금 보험회사 대표이사를 거쳤고, 1993년에는 트래블러스사의 회장에 취임한 뒤 시티그룹과의 합병을 통해 한때 위기에 빠졌던 세계 최고의 금융기관을 진두지휘하고 있다.

세계 금융의 절대 권력, 모건 부자

    세계 금융계를 좌지우지하는 금융 그룹 J.P. 모건은 19세기부터 세계 경제의 대표적인 권력집단으로 군림해 온 모건 가문에서 시작해 이제는 전 세계 금융시장을 좌지우지할 정도로 막강한 영향력을 행사하고 있다. J.P. 모건은 2003년에는 한국의 3위 그룹 인 SK그룹과 맺은 SK증권 관련 이면

J.S. 모건(1813~1890).

계약을 배후에서 조종하는 부도덕한 금융관행으로 한국 금융 시장을 송두리째 뒤흔드는 등 파란을 일으키기도 했다.

    J.P. 모건 체이스는 자산기준으로 시티그룹에 이어 미국 2위

45

존 피어폰트 모건
(1837~1913).

의 금융기관이고, 미국의 경제 잡지인 『포춘』이 선정하는 1000대 기업 가운데 99% 이상과 거래를 하고 있으며, 전세계에 3,000만 명 이상의 고객을 확보한 세계적인 투자은행이다. 자산기준으로는 시티은행보다 낮지만 미국 금융가인 월가의 역사 그 자체이자 미국 근대 산업의 근간을 마련했다는 점에서 미국 자본주의 역사상 가장 두드러진 상징성을 갖는 것으로 평가받고 있다.

J.P. 모건 가문의 핵심 경영자로는 2세인 J.P. 모건 주니어, 3세인 존 피어폰트 모건(John Pierpont Morgan), 4세인 J.P. 모건 주니어(일명 잭 모건)가 꼽힌다. J.P. 모건 주니어를 승계한 피어폰트 모건이 1913년 이집트 여행중 병으로 쓰러져 76세의 나이로 사망했고, 이어 경영권을 계승한 잭 모건마저 1943년 사망하면서 모건 일가는 J.P. 모건의 경영에서 손을 떼고, 이제 회사는 본격적인 전문경영인시대로 들어섰다.

미국 뉴욕 인근의 코네티컷 주에서 태어난 J.P. 모건 주니어는 1861년 24세 때 아버지 J.S. 모건의 회사가 인수 발행한 유럽계 증권을 미국 시장에 판매하기 위해 J.P. 모건사를 설립하면서 경영에 뛰어들었다. 그는 1871년에는 프랑스계 은행인 드렉셀 아르제스사와 합작, 모건-아르제스사를 프랑스에 설립하기도 했다. 남북전쟁 당시에는 뒤퐁과 손잡고 총기류와 군화를 취급하는 무기중개업으로 부를 축적했는데, 제너럴모터스에 대한 투자에도 모건은 뒤퐁과 손을 잡고 공동 투자에 나섰다.

3세인 존 피어폰트 모건은 아버지가 영국에서 기반을 닦은 은행을 1890년에 승계해 J.P. 모건을 미국과 유럽 등 서구사회에서 영향력이 가장 큰 은행으로 키웠고, 세계적인 금융 가문으로 자리잡게 했다. 그는 미국의 철도왕 코머도 밴더빌트가 사망하자 그의 아들 윌리엄 밴더빌트로부터 뉴욕 센트럴 철도 주식을 인수해 영국에 판매한 것을 비롯해 철도, 철강, 광산 등 각종 사업체에 자금을 조달하는 창구 역할을 맡아 미국이 세계 최강의 산업국가로 발돋움하는 데 결정적으로 기여했다. 1897년에 제너럴일렉트릭 회사의 설립을 원조했으며 1901년에는 당시 최대 철강회사인 카네기제강회사를 5억 달러에, 록펠러의 철강회사를 7,500만 달러에 매수했고, 같은 해 US스틸사를 설립하기도 했다.

J.P. 모건은 19세기 말과 20세기 초 미국의 금융위기 때마다 이를 진정시키는 소방수 역할도 톡톡히 해냈다. 1895년 미국 정부는 엄청난 재정적자로 인해 금이 해외로 대거 유출돼 금 본위제를 포기해야 한다는 주장에까지 직면했다. 위기 극복을 위해 클리브랜드 미국 대통령이 존 피어폰트를 불러 자문을 구했고 존 피어폰트는 자신의 이름으로 채권을 발행, 국내외에서 자금을 확보했으며 이 돈으로 해외에서 금을 사들여와 미국 정부의 금 보유고를 크게 올려놓았다.

1907년에 주가가 폭락하고 부실은행과 기업들이 연쇄 도산하는 등 미국 금융 시스템이 마비되고 공황에 봉착했을 때도

J.P. 모건의 역할은 새삼 부각됐다. 존 피어폰트는 이때 뉴욕 금융가들을 모아놓고 영세은행들에게 돈을 빌려주도록 설득하는 한편 정부에 대해서는 은행들에 구제금융을 제공하도록 압박을 가해 사실상 중앙은행 역할을 수행했다. 미국의 중앙은행인 연방준비제도이사회(FRB)는 존 피어폰트가 사망한 1913년에야 설립됐다.

아버지 피어폰트 모건의 사망 후 J.P. 모건을 승계한 잭 모건은 제1, 2차세계대전과 대공황이라는 급격한 환경 변화에 맞서 금융계 내에서 J.P. 모건의 위상을 확고하게 지켜나갔다. 그는 제1차세계대전과 1929년 대공황의 위기를 적극적으로 활용, 1930년대 중반에 J.P. 모건을 미국 전체 상장기업 자산 총액의 40%를 차지할 정도로 성장시켰다.

J.P. 모건은 1960년대 말부터는 은행업과 증권업의 겸업이 가능한 유럽 시장에 본격적으로 진출, 투자금융 부문을 다시 구축하기 시작했다. 이후 1999년 미국에서도 은행업과 증권업 겸업을 허용하는 그램-리치-브릴리 법이 통과되자 종합 금융사로서의 입지를 더욱 공고히 다지게 되었다. 2000년에는 소매금융에 강한 체이스-맨해튼 은행이 J.P. 모건을 주식 교환 방식으로 인수, J.P. 모건-체이스로 재탄생하면서 세계 금융시장의 강자로 군림하고 있다.

그러나 이들 J.P. 모건을 포함한 금융회사들은 강자에 걸맞은 도덕성이 결핍된 탓에 황금만능주의와 수익률지상주의에 빠져 아시아를 비롯한 제3세계에서 미국식 자본주의의 천박

함을 그대로 드러냈고, 결국 갖은 비판과 비난의 대상이 되고 있다. J.P. 모건체이스를 비롯해 씨티그룹, 메릴린치, 모건스탠리, 골드만삭스 등으로 대표되는 미국의 투자은행(IB)들은 자신들이 장악한 세계 금융시장을 기반으로 미국을 제외한 아시아나 남미의 신흥 시장 또는 저개발국을 새 무대로 삼아 국제 신용평가회사들과 함께 갖은 횡포를 부리고 있다.

일부 비판자들은 이들 국제 금융 다국적기업(MNC)의 오만 방자한 행태로 인한 부작용이 헤지펀드 등 다양한 투기세력과 결합해 각국의 금융위기를 불러일으키면서 지구촌 곳곳에서 마치 유혈분쟁의 핏자국처럼 선명하게 나타나고 있다고 평가하고 있다. 특히 스탠더드 & 푸어스(S&P)와 무디스는 각국의 국가신인도(컨트리리스크)와 기업신용평가를 미국인이나 미국 경제의 시각에서 재단하는데다, 이 결과를 바탕으로 이들 투자은행들이 '땅 짚고 헤엄치는' 식의 고금리 돈놀이 장사에 나서면서 아시아와 남미 등 개발국가에서는 국부(國富) 유출 논쟁 등이 첨예하게 펼쳐지고 있다.

메릴린치, 골드만삭스 등 이들 투자은행들은 갖가지 부패관행에도 젖어 있어 수시로 세계금융계의 지탄을 받는 사건을 만들어내고 있다. 미국의 금융 당국은 최근 월가의 10개 금융사들이 호황기 때 투자자들에게 행한 부패관행에 대한 책임을 물어 14억 달러에 달하는 사상 초유의 벌금을 부과했다. 지난 2002년에는 한때 각광받던 애널리스트인 메릴린치의 헨리 블로짓과 살로먼스미스바니의 잭 그럽먼이 돈을 받고 기업 평가를 부풀린 혐의로 불명예 퇴진하는 등 이들 투자은행들은 세계 경제에 대한 막강한 영향력 못지않은 부도덕한 행태에 대한 비판도 함께 받고 있다. 이들 다국적 금융회사들이 미국 중심의 세계관에서 벗어나 세계 경제발전에 기여하면서도 수익률을 올리는 윈윈(Win-Win)전략으로 전환하지 않는 한 세계 각국에서 이들의 폐단으로 인한 마찰과 갈등은 계속될 것으로 보인다.

금융투자의 거성, 워런 버펫

금융투자의 세계적인 거성으로 불리
는 워런 버펫(Warren Buffet)은 대표적
인 내재가치의 신봉자로서 어떤 기업의
주가가 내재가치에 미치지 못하는 아주
낮은 가격에 거래될 때 이를 매입하는
정석적인 투자방식을 고수해 세계 주식
시장의 강자로 인정받고 있다.

워런 버펫(1930~).

버펫이 투자하는 종목이나 업종에는 이를 뒤따라가 일확천
금을 벌겠다는 투자자나 기관들이 즐비하지만, 대부분 곧 투
자원금을 털린 채 시장을 떠나는 경우가 다반사다. 반면 버펫
은 철저한 정석투자로 약세장이나 침체장에서도 고수익을 올

리며 명성을 유지하고 있다. 그러나 근본적으로는 세계 금융 시장의 자금력과 정보력을 움켜쥔 월가의 첨병으로서 아시아 나 남미, 아프리카 등 신흥 시장의 부를 잠식하고 위기를 조장 하고 있다는 비판도 받고 있다.

그는 내재가치 이하로 거래되는 주식을 매입하되 무조건 저 가의 주식보다는 해당 업종에서 평판이 좋은 소수의 기업에 자신의 포트폴리오를 집중하는 방식을 택한다. 대부분 그가 선 택하는 주식들은 현재의 순자산가치에 향후 예상되는 순이익 과 현금 흐름을 감안한 내재가치와 비교해 현재의 시가총액이 낮고, 최고경영진은 합리적이며 향후 전망도 밝다. 이로써 그 는 내재가치 투자법을 스스로 체계화했다는 평가를 받고 있다.

그 과정에서 버펫은 자신의 3대 투자원칙을 제시했다. 첫 째, 투자자들에게 부실한 회계관행을 조심하라, 둘째, 회계장 부를 조작하기 위한 의도로 어려운 주석을 붙이는 기업에 대 한 투자를 피하라, 셋째, 기업순익 전망과 성장 기대치를 무리 하게 제시하는 기업들도 투자자 입장에서 유의해야 한다. 결 국 이는 "투명한 기업에게만 투자하라"는 투명성 원칙으로 귀 결된다.

1930년 8월 미국 중서부 오마하의 보수적인 기독교 집안에 서 태어난 버펫의 놀라운 투자 능력은 어린 시절 고생하면서 체득한 돈에 대한 감각에서 기인한다. 고등학생이던 15세 때 는 새로 재생한 핀볼머신을 이발소에 설치해 1주일에 50달러 를 벌어들이는 등 남다른 재테크 감각을 보였고, 고등학교를 졸업하기 전에 네브래스카 주 북부에 있는 40에이커의 농장을 1,200달러에 매입해 농장주가 되기도 했다.

그는 뉴욕의 컬럼비아 대학을 마친 뒤 부친의 증권회사에서 일하면서 투자에 대한 지식과 감각을 몸에 익혀나갔다. 컬럼비아 대학원을 마친 뒤 버펫은 과거부터 친분이 있던 그래함-뉴먼 증권사의 대표인 그래함을 만나 수를 중시하는 계량기법 등 다양한 증권분석법을 배워나갔다.

이 년여 동안 그래함-뉴먼 증권사에서 실무를 익힌 버펫은 1956년 고향인 오마하로 돌아가 그때까지 배운 증권지식들을 현장에서 사용하기 시작했다. 그는 자신의 주식투자 원칙을 '단기적 평가손실이 아닌 장기적인 손실의 최소화'로 두고 투자를 마치 한 편의 컴퓨터 오락게임처럼 즐겼다. 그는 증권의 내재가치에 근거한 가치투자를 통해 투자의 결과보다는 투자게임의 과정을 즐겼기 때문에 후에는 커다란 수익을 내는 기초를 닦을 수 있었다. 온화한 성격에 솔직담백한 어투 및 호기심이 특징인 버펫은 고객들에게 항상 솔직한 태도로 호감을 샀으며 스스로 오랫동안 고민하고 숙고한 끝에 내린 결정에 대해서는 자신감 있게 투자에 임했다.

그 결과 31세 때인 1961년에는 농장 관련 물품을 제조하는 뎀스터밀 주식회사의 회장이 됐고, 1965년에는 방직회사, 사탕 제조회사, 스탬프 판매회사, 보험사 등을 인수하는 왕성한 활동으로 기업계의 주목을 받았다. 그는 기업 인수 및 합병 과정에서 대부분 이성적이고 성공적인 거래로 관심을 모았고,

절제된 마음으로 인내심을 갖고 인수작업에 임해 대부분 성공적이라는 평가를 받았다. 워런 버펫은 자신이 죽으면 남은 가족이 전 재산 360억 달러를 들여 자선재단을 결성토록 하는 등 사회봉사 및 헌신에도 힘을 쏟아 미국인들의 존경을 받고 있다.

물론 버펫도 버크셔해서웨이를 통해 2002년 3월 윌리엄스의 파이프라인 사업부를 인수한 데 이어 2001년 8월에는 트럭, 컨테이너 임대업체인 엑스트라를, 같은 해 7월에는 파산한 상업은행인 피노바를 인수하는 등 부실기업에 대한 인수 및 합병에 나서기도 했다. 그러나 이는 주식투자를 통한 단조로운 수익창출에서 벗어나 다양한 사업 확장을 통해 시장영향력 확대를 노린 공세적인 경영방식을 가미한 것이라는 점에서 도리어 바람직하다는 평가를 받는다. 또, 경기침체로 다른 기업들이 위기에 빠져들었던 2002년 버크셔해서웨이의 순익은 오히려 네 배 이상 급증한 것으로 나타나는 등 버펫의 수익경영은 시간이 지날수록 더욱 각광을 받고 있다. 국내 주식시장의 투자자들, 즉 기관투자가나 개인투자자를 가릴 것 없이 단기 차익이나 대박신화에만 혈안이 된 듯한 오늘날의 투자환경에서 버펫과 같은 정석투자의 중요성은 더욱 빛을 발한다.

헤지펀드의 황제, 조지 소로스

'헤지펀드의 황제'로 불리는 소로스(George Soros)는 초단기 금융상품으로 이루어진 헤지펀드의 위력을 만천하에 과시하면서 퀀텀펀드를 비롯해 모두 170억 달러의 투기자본을 움직이는 국제 금융계의 큰손으로 불린다.

조지 소로스(1930~).

특히 시대 흐름에 따라 세계화된 금융 자본주의는 피할 수 없는 대세라는 점에서, 헤지펀드를 만든 뒤 국가 간의 교묘한 간격을 이용하여 부를 축적한 소로스는 '기회의 선점'이라는 기업가의 면모를 유감없이 발휘했다는 평가를 받고 있다. 그는 특히 인터넷의 발달에 따른 전자

거래 시스템의 활성화에 따라 지역적인 장벽이 해소됨으로써 막대한 시세차익을 동시다발적으로 얻는 등 세계 금융시장을 일거에 뒤흔드는 투기자본의 역할을 즐겼다.

한국인의 경우 한국 경제를 국가부도로 몰아넣고 노숙자들을 양산했던 외환위기를 가져왔던 조지 소로스에 대한 기억이 결코 좋을 수 없다. 특히 아시아권의 반발은 거세다. 중국, 홍콩, 대만은 소로스를 '아시아의 공적(公敵) 제1호'로 꼽고 있고, 마하티르 모하마드 말레이시아 총리는 "소로스가 환투기를 통해 아시아인들의 고혈을 빨아먹고 있다"고 공개 비난하고 있다.

소로스는 특정 국가의 정책기조를 비판하거나 자신의 투자 방향을 공공연히 밝힘으로써 시장의 방향에 큰 영향력을 미치고 있다. 또 이 과정을 통해 막대한 수익을 거두어왔고, 이러한 투자방식은 주로 아시아 국가들을 위기상황까지 몰고 가는 경우가 많았다.

소로스는 1930년 헝가리 부다페스트의 유대인 출신 변호사 티바다르 소로스의 차남으로 태어났다. 유대인 출신인 탓에 제1차세계대전 당시 가족 전체가 핍박받았던 소로스는 아버지로부터 위험에서 생존하는 동물적인 감각과 함께 위기를 극복하고 혼란스러운 상황을 이용하는 상식을 벗어난 파격적인 방법 등 장차 자본세계에서 살아남는 생존법을 익혔다.

제2차세계대전과 이후 소련 치하의 헝가리에서 유대인에 대한 압박에 불안감을 느낀 소로스는 1947년 17세에 스위스를 거쳐 런던으로 건너갔고, 런던의 식당가에서 웨이터로 일하면서 런던 경제대학에 입학했다. 당시 외국인에 대해 우호적이고 사회주의적 색채가 짙었던 런던 경제대학에서 그는 사회주의자인 해롤드 라스키와 1977년 노벨경제학상 수상자인 존 미드 교수 밑에서 공부했다. 또 '열린 사회'를 주장하며 전체주의에 대항하던 철학자 칼 포퍼와 자유시장경제를 신봉한 법경제학자 프리드리히 하이에크 교수에게서도 깊은 감명을 받았다. 소로스는 학부 졸업 후 핸드백 세일즈맨으로 근무하다가 싱어앤드프렌드랜더 투자은행에 견습행원으로 입사하면서 금융계에 처음 입문했다.

1956년 뉴욕의 월가로 진출한 소로스는 5년 내 50만 달러를 벌겠다는 계획을 세웠고, 이를 위해 해외증시를 담당한 뒤 매일 새벽 4시에 일어나 런던증시 개장시간에 거래 주문을 넣고 다시 잠을 자는 생활을 거듭했다. 결국 밤잠을 설쳐가며 잠을 쪼개 일에 몰두한 덕에 그는 5개년 계획을 조기에 달성할 수 있었다.

저서로 『금융의 연금술』 『소비에트체제의 개방』 『민주주의를 지지하여』 『경기를 앞질러』 등을 펴낸 소로스의 돈 굴리기는 철저하게 '선투자 후조사'의 원칙 아래 이뤄지고 있다. 그러나 그 원칙에 따라 나온 결론에 대해서는 10분 전에 결정한 것도 뒤엎기 때문에 '소로스(Soros)'는 헝가리어로 '변덕'을 뜻할 것이라고 비아냥거리는 사람도 많았다. 이처럼 지독하게 돈에 집착했던 소로스는 1969년 10만 달러였던 자산이 1997

년 3억 5,300만 달러로 불어나는 등 성공가도를 질주했다.

투자회사 퀀텀펀드를 총자산 180억 달러로 키운 소로스는 자유주의 철학자인 칼 포퍼를 스승으로 '열린 사회를 추구하는 의식 있는 금융인'을 자처하며 '열린 사회 재단'을 세워 각종 자선사업에도 열을 올리고 있다. 1970년대 말에 그는 본격적인 자선활동에 나섰고, 1980년대 말에는 동유럽과 구소련의 체제 변화 과정 당시 자유주의 수호자로서 폴란드 자유노조와 모스크바 반체제집단에 자금을 댔으며, 구소련 붕괴 후 과학자들의 생계가 막막해지자 1억 달러를 흔쾌히 기부하기도 했다. 또, 보스니아 분쟁 때는 사라예보 여인들이 물을 길어가다 저격되는 것이 안타깝다며 수도 복구를 위해 5,000만 달러를 내놓기도 해 노벨평화상 후보에 오르기도 했다.

'지킬 박사와 하이드 씨'처럼 두 얼굴을 가진 소로스의 이 같은 경영철학은 경제라는 분야가 가진 냉혹한 속성을 그대로 입증한다. 부를 창출하는 과정이 국제 금융의 구조적인 맹점을 노린 치밀한 경제활동이었다는 점에서 냉철한 비판이 있어야 하지만, 번 돈을 좋은 일에 쓰겠다는 정신자세는 룸살롱과 골프장에서 주주들의 돈을 흥청망청 탕진하는 국내 기업가들에게는 타산지석의 좋은 사례가 될 듯싶다.

미 항공^{우주 군산복합체의 대부,}

미 항공우주 군산복합체의 대부,
윌리엄 에드워드

세계 최대의 항공우주업체인 보잉은 상용 제트 여객기와 군용 항공기 생산업체로, 20세기 들어 벌어진 각종 전쟁을 통해 성장한 대표적인 군수업체이다. 최근 항공우주업에 힘을 쏟고 있는 보잉은 미 항공우주국(NASA)의 협력업체로 최근 실시된 각종 우

윌리엄 에드워드
(1881~1956).

주 탐사실험에 전력을 다하고 있으며, 각종 군수품 생산을 통해 미국 최대의 수출업체로서 미국 경제의 견인차 역할을 하고 있다. 군수업체의 특성상 보잉사는 미국 육해군의 대량주

문에 힘입어 큰 회사로 발전했고, 이후로도 미국이 일으킨 각종 전쟁에 항공기를 비롯한 첨단무기를 공급하면서 세계 최고의 업체로 성장했다.

최고경영자였던 윌리엄 보잉(William Edward Boeing)은 변화에 대한 무한한 도전과 정경유착 등 이익을 위해서는 수단과 방법을 가리지 않는 저돌성으로 보잉사의 성공을 이끌어냈다. 보잉이 "업계에서 처음으로 제트 모형의 비행기를 시도하면서 경쟁력을 키웠기 때문에 우리는 어떤 새로운 것에 대한 도전을 두려워하지 않고 적극적으로 수용해왔다. 변화를 추구하는 것이다. 새로운 변화에 대한 지식과 이를 위한 기업의 능력을 최대화시키는 노력의 연속이 보잉의 발전을 가져왔다고 생각한다"고 자신 있게 밝힐 정도로 변화를 적극적으로 수용하는 도전정신이 바로 성공의 근간이 돼왔다.

또 다른 측면은 군수업체답게 미국의 매파를 대표하는 군산복합체적인 성격이다. 미국 대통령 선거나 상·하원의원 선거에서 보수주의를 대표하는 공화당을 지원해 조지 W. 부시 대통령을 당선시켰고, 이후 유엔 등 국제사회의 반대에도 불구하고 이라크 전쟁을 일으키는 등 군산복합체의 어둡고 추악한 면을 그대로 반영하는 회사가 바로 보잉이다. 보잉은 민간 항공기 제작 부문에서 고전하고 있지만, 부시 행정부의 군비 증강으로 전투기 등 방위산업 부문에서 매출이 급증해 2003년 내에 군수산업 부문의 매출액이 민간 항공 부문의 매출을 능가할 것으로 전망되는 등 전쟁주의자인 부시 행정부와 긴밀

한 호흡을 맞추며 국제적인 긴장 조성에 앞장서고 있다.

1881년, 미국으로 이민 온 독일인 부모 사이에서 태어난 윌리엄 보잉의 집안은 원래 목재업과 철광산업을 하는 가정이었다. 그는 미시간에서 태어나 예일 대학을 졸업한 후에 서부로 이주하였다. 그는 1916년 미국 워싱턴 주 시애틀에 퍼시픽 항공 제품사(Pacific Aero Products Company)를 설립하였으며 1917년 보잉항공기회사로 이름을 바꾼 뒤, 1961년 현재의 이름으로 회사명을 변경했다. 보잉사는 특히 제2차세계대전중 활약한 대형폭격기 B-17 및 B-29의 개발과 생산으로 미국의 대표적인 항공기 제조회사가 되는 계기를 맞았다. 전후에는 B-47 및 B-52로 세계 최초의 본격적인 제트폭격기의 개발에 나섰고, 특히 민간용 대형 제트수송기 분야에서 대대적인 성공을 거뒀다. 1934년 대공황 이후 반독점법이 제정되어 항공기의 제작과 운영을 같은 회사가 영위하는 것이 금지되자 그는 항공운송 부문은 유나이티드 에어라인즈(United Airlines), 미국 동부의 제작 부문은 유나이티드 테크놀로지스(United Technologies), 미국 서부의 제작 부문은 보잉 에어플레인 컴퍼니(Boeing Airplane company)의 세 회사로 분할한 후에 은퇴하였다.

보잉은 여생을 종마 육종에 보냈으며 제2차세계대전중에는 상담역으로 보잉사에 자원 근무를 하기도 하였다. 그는 보잉사가 제트시대로 접어드는 것을 본 1956년에 사망했다.

그의 사후인 1966년에 보잉사는 록웰의 우주항공 부문과 무기생산 부문을 흡수 및 통합했으며, 1997년에는 맥도넬더글러스와도 합병해 세계 최대의 우주항공회사가 됐다.

20세기 내내 라이벌로 경쟁을 벌였던 맥도넬더글러스를 지난해 전격 인수해 21세기 최대 산업으로 꼽히는 우주항공산업의 황제로 등극한 보잉항공사가 준비하는 새 패러다임은 만만치 않다. 구성원들이 자신의 능력을 제대로 발휘할 수 있는 '깨어 있는 조직' '천재를 만드는 회사'를 지향하는 보잉사는 직원들이 경영진에게 자신의 의사를 전달하고 경영진이 이를 납득하면 그 자리에서 일을 할 수 있도록 했다. 여기서 나오는 새로운 비즈니스에 독창성이 있다고 인정되면 최고경영자를 중심으로 검토작업을 벌여 사업추진 여부를 결정하도록 하는 열린 체계를 확립한 것은 매우 이채롭다.

그러나 혼란스러운 국제정세를 악용해 전쟁을 부추기고 무기산업을 위한 국방 예산의 증액에 천문학적인 로비활동을 벌이는 미국적 군산복합체 기업들의 부정적 행태는 비판받아 마땅하다. 이들은 분쟁 지역의 약소국들에게 무기를 판매하기 위해 국가적 차원에서 압력을 넣고, 이를 거부하면 통상압력 등을 통해 관철시키곤 한다. 이들 기업들이 코스모폴리탄적인 사고로 평화 지향적인 목적의 기술개발이나 우주실험 등으로 눈길을 돌리지 않는 한 인류발전을 저해하는 부정적 요소라는 비판을 끊임없이 받을 수밖에 없을 것이다.

미국 국방산업을 중심으로 한 군수업체들의 부작용과 문제점은 사회주의의 몰락과 냉전체제의 해소 후 제1, 2차세계대전과 같은 지구촌 규모의 전면전이 불가능한 현대사회에서 잘 나타나고 있다. 과거 전쟁 시절에는 그 행태가 잘 드러나지 않았던 이들 군수 마피아들은 최근 비인도적이며 비도덕적으로 진행되는 지구촌 곳곳의 지역분쟁과 미국의 명분 없는 개입을 통해 그 본질을 명백하게 노출시키기 시작했고, 특히 2003년 감행된 미국의 이라크 전쟁을 통해 진면목을 그대로 드러냈다. 군수 및 석유자본의 지원 아래 당선된 조지 W. 부시 미국 대통령은 이들의 끊임없는 전쟁로비를 바탕으로 재고무기의 소진 및 이라크 석유자원과 중동 지역의 헤게모니 장악을 위해 이라크 전쟁을 일으켰고 결국 죄 없는 이라크 민간인들의 피해는 천문학적인 수준을 기록하고 있다. 이들은 또 한국과 같이 분단상황에 놓여 있거나 내전 또는 국지전적인 갈등이 있는 국가를 상대로 미국 정부를 통해 전투기 등 첨단무기를 구입토록 종용하는 횡포를 부리고 있다.

보잉은 9.11 테러 이후 민간 항공기에 대한 수요가 급감하면서 민간 항공기 제작 부문에서 고전을 거듭했다. 그러나 부시 행정부의 군비증강으로 전투기 등 방위산업 부문에서는 매출이 늘고 있어 올해 안에 군수산업 부문의 매출액이 민간 항공 부분의 매출을 능가할 것이라는 전망이 잇달아 제기되고 있다. 부시 행정부는 2004년 회계연도 대비 국방비 7%, 국토안보 비용 10%, 연방수사국(FBI) 예산 11% 등 대 테러 및 안보 관련 예산을 증액했고, 국방 예산으로는 미사일방어(MD)체제 구축을 위한 예산증액을 포함해 4,017억 달러 규모를 배정했다. 이는 자신의 당선을 지원하고 재임 기간 동안 꾸준한 지원을 해온 보잉 등 군수업체에 대한 보은적 성격이 짙다는 평가를 받고 있다. 또 MD 구축을 통해 과거 소련을 대체할 새 강자로 부상하고 있는 중국을 경계하고 미국의 핵 우산 아래 각국을 확실하게 편입시키는 한편, 이들 군수업체들의 매출과 이익을 꾸준히 올려주겠다는 부시 행정부의 야심찬 계획 역시 세계 각국의 비판을 받고 있다.

보잉은 그동안 미국 정부의 힘을 바탕으로 각국 정부에 로비와 유·무형의 압력을 가했던 과거 관행에서 벗어나야 한다. 또 세계 각국의 고객들에게 좀더 편안하고 완벽한 시스템을 갖춘 항공기술로 서비스하는 한편 각종 첨단기술을 평화를 위해 사용하기 위해 적극 나서는 것도 보잉의 의무일 것이다. 그렇지 않는 한 21세기 최첨단산업으로 꼽히는 우주항공 분야의 진출과 과학기술 발전에 대한 보잉의 기여와 헌신에도 불구하고 '무고한 민간인들의 생명을 담보로 돈을 벌어들인' 군수업체의 근원적 한계를 벗어나지 못한 채 세계인들의 더욱 거세진 비판과 비난의 홍수에 직면할 것이다.

컴퓨터의 황제, 빌 게이츠

전세계 소프트웨어업계의 선두를 달리고 있는 마이크로소프트사를 설립한 빌 게이츠(William Henry Gates III) 회장은 세계 최고의 갑부이자 별도의 수식어가 필요 없는 세계 정보기술(IT)계의 황제이다. 그는 개인용 컴퓨터가 대중화될 수 있도록 컴퓨터 운용 프로그램

빌 게이츠(1955~).

을 개발하는 등 첨단기술 분야의 발달에 기여하면서 20세기와 21세기를 잇는 교량 역할을 한 위대한 경영자로 꼽힌다. 물론 세간으로부터 '빌 게이츠는 이제까지 한 번도 새로운 것을 발명해본 적이 없다'는 비난과 함께 세계 컴퓨터시장을 독점적으

로 운영하고 있다는 비판도 받지만, 세계에서 가장 주목받는 기업가로서 세계 IT발전에 기여한 사실만은 틀림이 없다.

빌 게이츠는 1955년 미국 북서부 워싱턴 주의 항구도시 시애틀에서 변호사의 아들로 태어났다. 매우 똑똑한데다 경쟁심이 강해서 최고가 되지 않고는 견디지 못하는 성격이었던 그는 일곱 살 때인 1962년, 시애틀에서 개최된 세계 박람회를 구경하면서 과학자가 되기로 결심했고, 그 결심이 결국 오늘의 마이크로소프트를 만들어냈다. 11세가 되자 부모는 그를 그동안 다니던 공립학교에서 빼내어 시애틀 최고의 사립학교인 레이크사이드에 집어넣었고, 여기서 빌 게이츠는 운명적으로 컴퓨터와 만나 친숙해졌다. 1975년 1월 "모든 가정에서 컴퓨터를 사용하는 시대가 열리고 있다"고 보도한 『파퓰러 일렉트로닉스』지의 기사를 본 빌 게이츠는 하버드 대학을 뛰쳐나와 즉각 마이크로소프트를 설립했다. MITS 본사가 위치해 있는 뉴멕시코 주 앨버커키에서 움튼 빌 게이츠의 꿈은 마이크로소프트가 세계적인 대기업이 됨으로써 현실로 바뀌었다.

빌 게이츠의 천재성과 경영방식은 세계 컴퓨터업계의 표준 장악에서 잘 나타난다. 빌 게이츠는 IBM에 대한 PC 운영체제의 소프트웨어 공급을 시작으로 시장을 확장해, 현재는 거의 모든 컴퓨터에 마이크로소프트의 운영체제가 설치됐고, 대다수 기업들이 MS워드, 엑셀 등의 마이크로소프트 프로그램을 채택하고 있다. 지난 20년 동안, 호환성이 가장 중요한 소프트웨어산업에서 소비자들의 입맛을 재빨리 자기 쪽으로 돌려놓는 표준 장악을 통해 전세계 소프트웨어시장을 석권해온 것이다. 이 과정에서 무단 복제를 방치해 소비자들이 MS-DOS의 입맛에 길들게 하고, 그 이후에 무단 복제를 철저히 막아 자신들의 소프트웨어에 중독된 소비자들이 헤어나올 수 없게끔 한 것이다.

또 다른 그의 경영방식은 다른 회사의 좋은 제품이나 특성을 최대한 활용한다는 점이다. 좋은 제품을 독점적으로 제공하기 위해 인수합병이나 제품모방 등 갖가지 수단이 동원된다. 마이크로소프트 제국의 시발점이 된 MS-DOS는 마이크로소프트가 시애틀 컴퓨터 프로젝트라는 작은 회사의 제품을 인수한 것이었다. 인기 높은 프리젠테이션 프로그램인 파워포인트도 다른 기업으로부터 사들인 제품이었다. 이 밖에 애플, 매킨토시가 개발한 아이콘으로 컴퓨터를 작동하는 기능을 윈도우95에 전격적으로 도입하는 등 법적으로 문제가 되지 않는 범위에서는 얼마든지 남의 제품을 모방하겠다는 자세를 취하고 있다.

빌 게이츠의 장점은 결코 돈에만 집착한 냉혹한 최고경영자가 아니라 프론티어정신에 입각해 미국 경영자들의 전통을 잘 이어온 데서도 나타난다. 『포춘』이 매년 세계 최고의 부자로 선정한 게이츠 회장은 최근 주가하락으로 낮아지기는 했지만, 528억 달러의 재산을 보유하고 있다. 게이츠 부부는 240억 달러를 기부해 설립한 미국 최대의 재단 '빌앤드멜린다 재단'을 통해 최근 어린이용 백신을 위한 재단에 7억 5,000만 달러를 지원하고 인도의 에이즈 퇴치를 위해 1억 달러를 기부한 데

이어 전세계적인 의료사업에 2억 달러를 지원하는 등 자선활동에도 적극 나서고 있다.

이처럼 잘나가던 마이크로소프트와 빌 게이츠도 최근 몇 년 동안은 불편한 나날을 보내고 있다. 이는 미국 정부와 유럽연합이 벌인 독점법 위반 여부에 대한 조사와 원본 프로그램을 공짜로 공개하는 컴퓨터 운영체제(OS)인 리눅스의 도전으로 생긴 위기감 때문이다. 영국의 경제일간지 「파이낸셜타임스」는 최근 유럽연합이 내부적으로 마이크로소프트사가 불공정행위를 통해 법을 어겼다는 판단을 내렸다고 보도했다. 이는 2002년 미국 내에서의 재판에 뒤이은 것으로 마이크로소프트를 곤혹스럽게 하고 있다. 국내에서도 2003년 1월 발생한 인터넷 대란을 두고, 이것이 마이크로소프트의 지나친 독점 때문이라는 비판이 시민단체에서 제기되고 있다. 컴퓨터시장에 대한 독점에 자만했던 마이크로소프트는 시장의 건강성을 존중하는 기업경영을 통해 20세기 초 시장독점으로 기업을 분할해야 했던 카네기와 록펠러 식 미국 기업의 어두운 그림자에서 하루 속히 벗어나야만 하는 과제를 안고 있는 것 같다.

그럼에도 불구하고 세계 최고의 명문대학이라는 하버드 대학교를 중퇴하고 자신의 꿈과 이상을 찾아 마이크로소프트를 설립한 뒤 마침내는 세계 컴퓨터업계의 최강자로 떠오른 빌 게이츠의 도전정신과 개척정신은 높게 평가할 만하다. 바로 그 같은 선구자적인 용기와 지혜가 인터넷시대의 개막과 나스닥 열풍을 비롯한 첨단 정보기술시대의 새 장을 열었던 원동력이었던 것이다. 실제 마이크로소프트는 최고경영자인 빌 게이츠의 일거수일투족이나 기업실적 발표에 주목해야 할 정도로 매출액이나 기업규모에서 세계 경제를 움직이는 큰 기업은 아니다. 직원 수는 5만 5,000명으로 70만 명에 육박하는 제너럴모터스나 30만 5,000명이 일하는 제너럴일렉트릭에 비하면 다윗과 골리앗 이야기에 비교될 정도로 작은 규모다. 경쟁업체인 IBM이 31만 9,273명인 데 비해서도 6분의 1 수준에 불과하다.

그럼에도 불구하고 마이크로소프트와 빌 게이츠는 연일 세계 언론의 집중 조명을 받고 매년 스위스에서 열리는 다보스 포럼에서 대표적인 기업과 인물로 꼽히는가 하면 그 막강한 영향력으로 인해 각국 정부와 기업의 견제를 받고 있다. 이는 마이크로소프트가 투자자들을 만족시키는 고수익성, 시장 및 세계 경제의 변화에 대한 발빠른 대처 능력, 독점에 대한 공방이 오갈 정도로 막강한 시장장악력을 갖춘데다 향후 성장 및 미래사회를 선도할 가능성에서도 경쟁업체들에 비해 탁월한 평가를 받고 있기 때문이다. 미국 경제가 세계 각국으로부터 거센 비판을 받으면서도 아직까지 세계 경제를 좌지우지하고 있는 것은 이처럼 변화에 몸을 사리지 않는 과감한 도전정신과 개척정신이 충만한 마이크로소프트와 같은 기업이 있기 때문이라는 사실은 국내 기업들에게 많은 시사점을 던져주고 있다.

세계 경영의 영원한 반란자, 잭 웰치

잭 웰치(1935~).

'GE의 반란자'로 불리는 잭 웰치 (John Frances Welch Jr.) GE 회장은 끊임없는 혁신과 개혁을 통해 새로운 기업문화를 일궈온 인물이다. 그는 GE의 기업이념과 생존전략을 과거의 전통적인 방식 대신 수익성으로 바꾸는 과감한 개혁정책으로 21세기의 진입 과정에서 공중분해의 위기에 놓였던 GE를 가전업계의 공룡으로 재탄생시켰다.

잭 웰치는 1981년 최고경영자(CEO)로 취임한 뒤 20년 동안 GE의 주가 시가총액을 130억 달러에서 5,000억 달러로 끌어

올리는 경이적인 기록을 세웠다. 그가 재직중이었을 때『포춘』은 GE를 미국에서 가장 존경받는 기업으로 4년 연속 선정했으며, 웰치 전 회장을 가장 탁월한 경영 능력을 가진 '세기의 경영인'으로 선정했다.

웰치는 1935년 매사추세츠의 소도시 세일럼에서 하루 14시간의 격무에 시달리는 기차 차장의 아들로 태어났다. 어렸을 적 웰치는 동네 골프클럽에서 캐디일을 하면서 가계를 도왔다. 18홀을 따라 돌고 1달러 25센트를 받으면 어머니에게 1달러를 내놓을 정도로 돈에 대한 감각이 뛰어났다. 1960년 일리노이 대학을 졸업한 뒤 GE에 입사해 업무에 혼신의 힘을 다했던 웰치는 회장에 취임하자마자 '1위 또는 2위 전략'을 내세웠다. 그는 세계 시장을 대상으로 점유율 1, 2위를 차지하지 못하는 기업은 경영할 가치가 없다며 '1위 또는 2위'라는 구호성 경영전략을 내세웠다. 그는 3위 이하의 기업은 과감하게 뜯어 고치거나, 문을 닫거나, 팔아버린다는 원칙을 세웠고 이 과정에서 '강한 자만 살아남는다'는 적자생존의 원칙을 철저하게 적용해 '중성자탄 웰치'라는 별명도 갖게 됐다. 이 같은 원칙에 따라 웰치는 15년 동안 400여 개, 금액으로는 150억 달러 상당의 사업 또는 생산 라인을 팔아버렸다. 또 260억 달러 상당, 600여 개 업체를 사들이면서 NBC 방송과 TV 제조업체 RCA 등을 GE의 지붕 아래 편입했다. GE의 미래를 고민했던 웰치는 10년 후에도 정상을 지킬 고성장, 고수익 사업 분야의 발굴에 나서는 선견지명으로 GE를 살려냈다.

웰치의 뛰어난 경영감각은 21세기의 우량기업이 되기 위한 하이테크 중심의 고부가가치산업에 대한 천착에서 잘 드러났다. 그는 GE의 전통사업, 하이테크산업, 서비스산업 등 3개 부문을 핵심 3개 사업 분야로 선정하는 핵심사업화 전략으로 조직혁명을 일으켰다. 그가 저부가가치산업에 대한 철저한 도려내기에 나서면서 이전에 150여 개에 달하던 사업 부문은 12개로 대폭 축소됐다. 그는 특히 1987년 GE의 핵심사업이던 소형가전사업을 톰슨사의 의료기기사업과 교환하면서 "미국의 유산을 팔아넘기는 매국행위"라는 비판까지 들으면서도 철저하게 수익성과 성장성에 골몰해 결국 오늘날 GE 발전의 토대를 닦았다.

그는 또 과거 서류결재시 9-11단계를 거쳐야만 하던 방만한 조직에 철저한 수술을 가했다. 1980년대 초 GE 직원 40만 명 가운데 2만 5,000명이 관리자라는 점에서 드러나듯 군살이 넘치던 조직은 그의 칼질로 대폭 축소됐다. 웰치는 400명에 달하던 본사의 전략기획팀을 해체하고, 그 기능을 생산현장이나 각 계열사 등 현지에서 추진토록 이관했다.

그는 또 1981년 자신이 회장에 취임할 당시 직제상 여섯 명의 그룹임원, 여섯 명의 섹터임원, 두 명의 부사장으로 이뤄진 3계 임원계층에도 칼을 댔다. 그는 이들 임원들이 자연 퇴직하거나 회사를 옮길 때까지 기다렸다가 때가 왔다고 본 4년째에 이들 직제를 전격적으로 없애버렸다. 중간관리자들의 숫자도 대폭 줄이고 결재 단계도 4-6단계로 대폭 축소했다. 이처럼 그는 혁명적 조직개혁을 통해 거대한 공룡 GE를 몸집이

가벼우면서도 높은 수익성을 자랑하는 조직으로 일궈냈다.

그는 또 정상에서 스스로 후진들에게 자리를 물려준 인물로 꼽힌다. 그는 자리를 지켜달라는 임직원들의 만류를 뿌리친 채 2001년 9월 은퇴해 'GE의 신화'로 남았고, 결국 '지고도 이기는 길'을 택하면서 세계 기업인들의 칭송을 들었다. 당시 그가 퇴임하기 직전 해의 보수총액은 1억 8,865만 달러. 월가 최고 회사 CEO의 평균 연봉보다 6배나 높은 수준이었지만 이사들의 간곡한 만류도 뿌리치고 은퇴하는 용단을 내렸다.

잭 웰치의 경영방식은 세계 각 기업들이 벤치마킹에 나서면서도 성패와 효과 정도를 놓고 논란을 거듭해왔다. 같은 방식으로 경영개선에 나섰던 기업들의 상당수가 실패하거나 좌절하는 사례가 많았기 때문이다.

그러나 그는 조직의 관료주의를 철저하게 배격하고 과감한 경영혁신을 통해 공룡과 같았던 GE의 변화를 이끌어냈다는 점에서 20세기를 대표하는 경영자 중 한 사람으로 평가받고 있다. 특히 최근 일부 최고경영자들이 기업의 혁신을 도모하기보다는 기업의 재무제표 개선에 주력하고 주가 부양을 통해 자신들의 몸값을 높이거나 주식매입선택권으로 불리는 스톡옵션(Stock-option)에만 눈길을 돌리는 사례가 빈발해 잭 웰치의 가치는 시간이 지날수록 상한가를 달리고 있다. 그가 1989년 10년 계획으로 제시했던 기업개선(워크아웃 프로그램)의 원칙인 '벽 없는 조직(Bounderylessness)' '속도(Speed)' '단순화(Simplicity)' '자신감(Self-confidence)' 등은 웰치 스스로의 실천과 함께 독창성과 다양성이 넘쳐흐르는 조직문화를 만들어냈다. 특히 그는 이 같은 경영혁신이 상층부 임원들의 구호에만 머물지 않도록 하기 위해 철저한 내부 교육 과정을 통해 직원과 고객들의 참여를 이끌어내는 성과를 거뒀다. 이 과정을 통해 전 직원이 한 몸처럼 날렵하게 시대의 거대한 변화에 적응토록 한 것은 '중성자탄'이라는 별명을 가질 정도로 저돌적이고 적극적인 변화 수용자이면서도 직원들의 마음을 세심하게 돌봤던 잭 웰치에게서만 발견할 수 있는 장점일 것이다. 이 같은 최고경영자의 폭넓은 시각과 통찰력 및 지도력이 있었기에 대대적인 사업 재구축과 기업 변신 노력 등 경영개혁을 통해 만연한 관료주의와 경직된 조직문화라는 악성 종양을 제거하고 GE를 세계 초일류기업으로 일궈낼 수 있었다는 것이 세계 경영계의 전반적인 평가다.

이렇게 전설적 CEO로 존경을 받아왔던 잭 웰치는 지난해 부인과의 이혼소송 과정에서 지난 20년간 5억 달러를 끌어모은 사실과 함께 연간 750만 달러의 연금, 전용비행기, 맨해튼의 호화아파트를 지급받은 사실이 드러나 구설수에 오르기도 했다. 이 모두가 GE의 회계장부에는 들어 있지 않았다는 사실이 문제였다. 세기적 CEO답게 깨끗하고 정직하게 자기 자신을 관리하지 못했던 것이 흠이었던 것이다. 그러나 경영자로서 자신을 희생하면서 기업의 생존과 발전을 위해 끊임없는 혁신과 개혁의 바람을 불어넣었던 그의 리더십은 요즘의 경영자들에게 꼭 필요한 덕목이다.

영상문화의 선구자, 조지 이스트먼 코닥

기업경영의 근본은 기업과 그 기업이 만들어내는 상품에 대한 애정과 사랑에서 출발한다. 사진을 사랑하던 조지 이스트먼(George Eastman)은 사진 분야에 대한 남다른 애정으로 필름회사를 만들었고, 결국 이 회사는 세계인들의 모습과 그들의 일상생활 및 각종 사건사고를

조지 이스트먼
(1854~1932).

담는 역사적 의사소통의 역할을 하면서 세계인들에게 즐거움과 추억을 선사하고 있다.

1881년 조지 이스트먼 코닥이 미국 로체스터에 설립한 이스트먼코닥사는 인류의 역사를 눈으로 생생하게 볼 수 있도록 기록하는 새로운 기업으로 현대사에 기록됐다. 『포춘』이 선정한 500대 기업 중 하나인 이스트먼 코닥은 후지 등 일본업체들의 치열한 추격을 물리치고, 세계 굴지의 기업으로서 확고한 지위를 고수하고 있다.

사진을 사랑하던 조지 이스트먼은 사진기술의 발생지인 영국의 기술과 미국의 첨단기술을 접목시켜 휴대용 필름의 효시인 건판식 필름을 발명했고, 이를 바탕으로 이스트먼코닥사를 창업했다. 조지 이스트먼은 대표적인 소비재산업인 필름의 경우 국제화와 마케팅에 승부가 달려 있다고 보고 회사설립 4년 만인 1885년에 런던지사를 설립하는 등 국제화에 공을 들여왔다.

사진을 중심으로 영상, 정보, 화학, 건강 등 다양한 분야로 확대된 이스트먼코닥사는 한때 승승장구했으나 1970년대부터 전세계 시장에서 후발업체들의 거센 추격을 받았다. 한때 사업 다각화에 나서면서 필름 등 영상 관련 사업을 확대해 컴퓨터와 복사기사업 및 제약 분야와 가정용 화학제품 분야까지 진출했다가 부채가 급증하는 등 참담한 결과를 맞기도 했다. 특히 1984년 L.A.올림픽 당시 안방시장에서 공식 필름업체 자리를 후지필름에 빼앗기면서 코닥의 위기감은 높아졌다. 이는 코닥이 독보적인 자신들의 성취에 도취되어 경쟁을 게을리 한 사이 급성장한 후지와 코니카필름 등이 총공세를 폈기 때문이었다. 게다가 코닥이 1986년 폴라로이드사와 벌인 인스턴트 카메라에 대한 특허소송에 패해 10억 달러를 배상하는 수모를 겪으면서 경영의 어려움은 더욱 깊어졌다.

이에 따라 코닥은 대대적인 카메라 관련 업체들에 대한 인수합병과 함께 첨단기술제품 개발을 위한 다양한 연구와 투자에 나섰다. 이 같은 노력은 1990년대 들어 세계화와 업종 전문화를 내걸고 일본업체들에게 뺏긴 시장회복을 위한 대대적인 반격으로 나타나고 있다.

코닥은 최근에는 차세대 필름인 디지털영상사업에 전력을 기울이고 있다. 사업구조의 단순화 작업을 통해 필름과 인화지, 사진용 화학제품과 카메라 등 본래의 영상사업으로 복귀한 코닥은 이제 디지털 영상 부문에 대한 기술연구 개발비를 대폭 확대해 신기술과 신제품 개발 기간을 단축시키고 있으며 컴퓨터 관련 업체들과의 전략적 제휴도 맺고 있다.

또, 코닥은 후지필름 등이 앞선 아시아 시장 공략에도 적극적이다. 특히 코닥은 지난 1998년 일본의 나가노동계올림픽 공식후원사를 따내는 등 아시아 전략을 강화한 데 이어 세계 1, 2위의 인구를 가진 중국과 인도 시장을 주 공략대상으로 설정했다. 코닥은 이들 지역에 대대적인 TV광고를 하는 한편 현지 관광 당국과 스폰서 계약을 맺기 위해 동분서주하는 등 과거 선두업체의 자만심 때문에 겪어야 했던 사상 최대의 위기를 극복하고 세계 1위를 고수하기 위해 고심을 거듭하고 있다. 기업을 돈벌이 수단만이 아닌 애정과 사랑의 존재로 인식했기에 코닥 역시 고객들의 오랜 사랑을 받고 있는 것이다.

세계 방송권력의 절대 강자, 테드 터너

테드 터너(1938~).

미국의 24시간 뉴스 전문 유선 텔레비전 방송망인 CNN(Cable News Network)은 미국 문화의 위력을 전세계에 시시각각으로 전달하는 위력적인 방송매체이다. 한때 바보상자라 불리며 외면받기 시작하던 텔레비전은 CNN이라는 위성 방송이 탄생하면서 전세계에 지구촌 곳곳의 새로운 역사와 혁명과 사건을 생중계하고, 나아가 지구촌 일상생활의 변화를 이끌어내는 시각적 문화혁명을 선도하고 있다. 1991년 걸프전 당시 위성 생중계를 통해 세계인들의 눈길을 끌어모은 뒤 2003년 이라크 전쟁에서도 세계인들을 전쟁의 현장으로 이끈 CNN은 아프리카 오지 등 세계 곳곳의 뉴스를 전달하며 세계화의 첨병으로 활약하고 있다.

지난 1991년 『타임』지는 '테드 터너(Ted Turner)'를 올해의 인물로 선정했다. 베를린장벽 붕괴 등 세계적 사건들을 24시간 전세계 1백21개국에 생중계하면서 뉴스전달의 개념을 완전히 바꿔버린 CNN의 뉴스실험을 대대적으로 성공시키며 미디어업계에 혁명을 일으켰다는 게 선정 이유였다. 평상시 "우리는 이 세상이 끝날 때까지 결코 방송을 중단하지 않을 것이다. 세계의 종말까지도 생방송으로 취재, 보도할 것이다"라고 말했던 터너는 CNN의 성공을 통해 변화에 능동적인 사고의 유연성을 자신의 몸에 본능적으로 체득하고 있다는 점을 확인시켜줬다.

이러한 막강한 위력은 테드 터너 회장이 지난 1980년 6월 CNN을 설립하면서 시작됐다. 터너는 1970년 매입한 애틀랜타 단파 방송국을 유선 뉴스 방송국으로 바꾸고, 이를 다시 24시간 내내 국내외 뉴스만을 방송하는 슈퍼스테이션체제의 텔레비전 방송국 CNN으로 개편했다. CNN의 주 수입원은 역시 다른 언론매체와 마찬가지로 광고가 차지하고 있다.

뉴스를 비롯한 미디어업계에는 문외한이었지만 공상가 못지않은 사고의 유연성을 갖고 있던 터너는 "정보화사회가 될수록 뉴스의 수요가 폭증한다"는 것을 예견하고 1억 달러에 달하는 전 재산을 투입해 CNN을 설립했다. "크리스토퍼 콜럼버스처럼 목적지에 도착했을 때 무엇을 발견하게 될지는 모르지만 적어도 우리가 어디론가 가고 있다는 것만은 확실히 다"며 1980년 6월 터너가 조지아 주 애틀랜타에서 CNN의 첫 전파를 발사했을 때만 해도 CNN이 100년이 넘는 역사를 지닌 ABC, CBS, NBC 등 거대 방송사를 상대로 경쟁한다는 것은 무모해 보였다. 다른 미국의 방송사들은 '애송이 얼간이 방송(Chicken Noodle Network)'이라고 비아냥댔지만, 터너는 CNN을 '위기 보도 방송(Crisis News Network)'으로 봐달라고 말하곤 했다.

그러나 황금시간대에 '눈물 짜내기'와 '우스꽝스러운 웃음'을 강요하는 오락물이나 연속극을 내보내는 기존 방송에 싫증을 느낀 사람들이 끊임없이 생생한 뉴스를 중계하는 CNN을 찾기 시작하면서 분위기는 달라지기 시작했다. 미국 중심의 방송으로만 일관하는 방송 뉴스의 틀을 깨고 세계적인 시각으로 뉴스를 제작하면서 CNN의 인기는 급증, 테드 터너의 생각이 적중했음을 입증했다.

사실 CNN은 어떤 의미에서는 정규 방송이라기보다는 미국을 비롯한 전세계 각국의 소식을 실시간으로 전달하는 케이블 TV에 불과하다. 그러나 CNN은 전세계 각국에 특파원이 파견돼 있고 주요한 국가 정부 부처나 관공서, 호텔 등 여론 주도층이 모이는 곳에서 화제의 중심으로 등장하는 등 막강한 영향력을 행사하고 있다. 지금은 30초짜리 광고를 한 번 내보내는 데 최소 3,500달러가 들고, 보도 내용이 각국 정책결정에까지 영향을 미치는 바람에 'CNN효과'라는 말까지 생겨났다. 세계에 문제가 발생하면 전세계 지도자들은 물론 미국 최고의 정보기관인 미 중앙정보국(CIA)의 분석가들조차 CNN의 생생한 현장 중계를 확인하기 위해 자리를 지키는가 하면 전세계의 여론 주도층은 CNN에 채널을 고정시킨 채 향후 세계정세의 변화에 주목한다.

이에 따라 지나치게 미국적인 시각으로 세계를 바라보거나 세계 각국의 독특하고 독자적인 문화를 미국적인 시선으로 재단하고 있다는 등의 부작용도 낳고 있다. O.J. 심슨 재판이나 쿠바 소년 엘리안 군의 송환 문제 등 국제적으로 큰 관심이 끌리지 않는 지엽적인 문제를 24시간 생중계하다시피 하는 등의 과잉 보도와 광고에 지나치게 좌우되는 현상, 대형사건이 없을 경우 주목할 만한 뉴스가 없어 시청률이 떨어지는 현상도 CNN에게는 고민거리다.

CNN측은 이 같은 선입견을 막고 취재를 원활화하기 위해 가능한 한 뉴스를 미국에 편파적이 아닌 중립적이며 객관적으로 제작하는 것을 표방하고 있지만, 물론 여기에는 한계가 있기 마련이다. CNN 역시 AP통신이나 로이터통신과 같은 세계적인 통신사들과 마찬가지로 미국 중심의 뉴스와 함께 미국의 정치·경제·문화·스포츠 등 다양한 미국 소식을 전세계에 전파하면서 미국을 세계의 표준으로 만드는 역할을 하고 있다.

CNN은 창사 첫 해에 미국 대통령 선거전을 여러 각도에서 취재·방송하였고, 이어 실시된 각종 선거전 취재에서 뉴스 방송의 노하우(know how)를 쌓았다. 1981년 이후 미국 내에서 일어난 주요한 사건의 재판 과정이나 미국항공우주국(NASA)의 우주선 발사 광경 등을 생방송으로 중계하였다. CNN이 세계적인 명성을 얻게 된 것은 1989년 독일 베를린장벽 붕괴와 중국 천안문사태 보도에 이어 1991년 걸프전 당시 피터 아네트(Peter Arnett) 기자가 이라크에서 생생한 현지 상황을 전세계에 방송하면서부터이다.

1995년 타임워너와 CNN의 모회사인 TBS를 합병했던 테드 터너는 1997년 유엔의 각종 활동을 지원하는 재단 설립을 위해 전 재산의 3분의 1인 10억 달러를 기부하겠다고 약속했다. 그는 "부자들이 좋은 일에 돈을 더 출연해 새로운 박애(博愛)의 시대를 열어야 한다"고 촉구하는 등 미디어기업의 경영자답게 수익에만 집착하지 않는 모습을 보여 전세계인들의 호평을 받기도 했다.

이처럼 막강한 CNN도 세월이 지나면서 이라크 전쟁 등을 통해 추격전을 펼친 공중파와 각국의 위성방송들에 맞서 힘겨운 전쟁을 벌이고 있다. 또, 터너 역시 CNN을 AOL 타임워너에 넘긴 뒤 그룹 부회장 등 경영진으로 활동하다가 2003년에는 "경영에 역겨움을 느낀다"며 퇴진을 발표하는 등 어려움을 겪고 있다. 그러나 누구도 예견하지 못한 CNN의 성공으로 지구촌 일상생활의 변화와 시각적 문화혁명을 선도한 터너의 도전정신은 21세기에도 꿈을 갖는 경영 지망생들에게 무한한 가능성을 제시해줄 것이다.

미국 문화의 전도사, 월트 디즈니와 마이클 아이즈너

월트디즈니사는 미국적 문화를 전
세계에 심고 있는 미국 문화와 경제
의 첨병이다. 월트디즈니의 창립자이
자 최고경영자(CEO)인 월트 디즈니
(Walt Disney)는 문화산업에 대한 개념
이 전혀 없었던 당시 사회에서 디즈
니를 창설해 세계인들에게 꿈과 환상

월트 디즈니(1901~1966).

을 심어줬다. 또, 마이클 아이즈너 회장은 적자투성이의 월트
디즈니사를 10년 만에 6배 규모의 초일류 회사로 탈바꿈시키
면서 미국 문화주식회사의 자존심을 세웠다.

1901년 시카고에서 태어난 미국의 만화가 겸 만화영화 제작자 월트 디즈니는 애니메이션의 황제로 불린다. 그는 궁핍했던 청년 시절 자신의 방에 출몰하던 생쥐를 모델로 삼아 미키마우스라는 캐릭터를 창조했고, 결국 미키마우스는 세계 곳곳의 어린이들에게 가장 사랑받으면서도 친숙한 우상이 됐다.

　　그는 이처럼 독창적인 캐릭터를 만들어냈고, 전래동화나 전설을 이용하는 방법으로 영상문화의 신기원을 열었다. 그는 1937년 말 내놓은 최초의 장편 만화영화 「백설공주」를 비롯해 「피노키오」(1938) 「밤비」(1942) 「신데렐라 공주」(1950) 「정글북」(1965) 등 어린이들에게 잘 알려진 장편 만화영화 외에 「보물섬」(1950)으로 시작된 극영화와 「사막은 살아 있다」(1953) 등의 기록영화뿐만 아니라 텔레비전 프로그램 등을 제작하여 손대는 곳마다 높은 창작성과 대중성을 보여줬다.

　　그의 위력은 디즈니가 1955년 캘리포니아 주 남서부 애너하임에 세운 대규모의 유원지 디즈니랜드와 그의 사후인 1971년, 1983년, 1992년에 각각 개장한 플로리다 주의 올랜도 디즈니월드, 도쿄 디즈니랜드, 프랑스 마른라발레의 유로 디즈니랜드가 문을 연 뒤 관광객의 발길이 끊이지 않는 데서 잘 나타난다.

　　그러나 각종 영상매체의 범람으로 위기에 빠진 월트디즈니를 구한 것은 30여 년이 지난 뒤 회장에 취임한 마이클 아이즈너(Michael Eisner)였다. 1984년 아이즈너의 회장 취임 당시 디즈니는 수익률과 브랜드 가치가 추락하는 가운데 높은 부채비율로 고심하고 있었다. 당시 회사 이익은 삼 년간 계속 떨어지는 추세였고, 부채가 눈덩이처럼 불어나면서 할리우드 영화시장 점유율이 4%에 불과할 정도로 하락했다. 한때 할리우드의 선두 주자였던 디즈니는 2류 회사로 전락했다.

마이클 아이즈너(1942~).

아이즈너는 방향성을 잃었던 디즈니사에 구조개혁의 시동을 걸었고, 디즈니의 비전을 실현시킬 수 있는 창의력을 발휘하도록 힘을 기울였다. 그는 자신이 구상 중인 비전을 직원들에게 제시하고 유능한 인력을 뽑는 한편 조직개편을 통해 창조적 조직을 만들고 사업도 다각화했다. 그는 취임 직후 일 년에 열두 편의 영화와 한 편의 만화영화를 만들겠다는 5개년 계획을 발표했다. 디즈니의 고전과 비디오를 이용, 공격적인 시장공략에 나서는 한편 디즈니 캐릭터 용품 전문점도 운영키로 하면서 한때 방황했던 디즈니는 비전과 목적의식을 가진 조직으로 탈바꿈했다.

아이즈너는 창의적인 조직을 만들기 위해 인재를 모으고 조직문화를 개편하는 개혁도 단행했다. 엔터테인먼트산업의 핵심자산인 최고 인력들을 끌어들이기 위해 기존의 취약한 연봉구조를 뜯어고친 뒤 높은 급료를 내세워 유능한 간부들을 영입했으며, 스톡옵션제도를 제시하고 성과에 따른 보너스제도를 도입해 조직원들의 의욕을 고취시켰다.

조직문화도 효율적이고 창의적으로 바뀌나갔다. 지위 고하를 막론한 상호간의 비평이 가능한 조직을 목표로 의사결정을 신속한 하의상달식으로 전환했고, 직원들의 제안에 대한 피드백도 활성화하면서 디즈니에는 활기가 넘치기 시작했다.

기존 영화사업과 테마파크사업을 다각화해 새로운 시장을 개척한 것도 경영자적 수완이 돋보이는 지점이다. 아이즈너는 5년 주기로 극장에서 재개봉하던 기존의 영화전략을 과감히 폐기하고 창고에 있던 필름들을 꺼내 홈비디오시장에 출시했다. 이는 세계인들이 월트디즈니를 다시 주목하게 만드는 계기가 됐다. 그는 여기서 확인된 각종 캐릭터의 특성을 활용해 전세계 550여 곳에 캐릭터 매장을 설립했고, 이를 테마파크 등 놀이공원과 연결시켜 상품화했다. 이는 다시 시너지 효과로 나타났고 그동안 디즈니를 외면했던 사람들의 눈길을 다시 미키마우스와 백설공주로 끌어모았다. 이 같은 캐릭터사업의 성공과 세인들의 주목은 비디오 판매증가와 테마파크의 이벤트로 이어졌고, 디즈니는 세계적인 엔터테인먼트산업의 리더로서 옛 영화를 누리는 한편 경영 측면에서 꾸준한 성장세를 거듭하고 있다.

미국적 문화제국주의의 전형이라는 비판을 받는 월트디즈니적 경영은 영상세계가 활짝 피어날 21세기에 더욱 각광받을 문화산업으로 세계 시장에 대한 지배력을 강화할 전망이다.

세계 음식료시장의 차르, 고이수에타

코카콜라는 맥도널드, KFC 등 다
양한 식음료업체들과 함께 미국식
문화를 전세계에 전파하면서 전세계
인들의 입맛을 미국식으로 통일시키
는 '음식문화의 제국주의화'를 주도
하고 있다. 자유의 여신상이 세워진

로베르토 고이수에타
(1932~1997).

1886년에 미국 조지아 주의 애틀랜타 시에서 시작된 코카콜
라의 역사는 세계 음료시장의 역사를 개척하면서 남극과 사막
등 오지의 입맛까지도 미국식으로 바꿔놓았다는 점에서 미국
식 문화가 전세계를 점령한 대표 사례로 꼽힌다.

이에 대해 제국주의의 첨병으로서 각국 음식료문화의 다양성을 파괴하고, 자연의 물을 외면한 채 인공적인 콜라의 맛을 길들이고 있다는 비판도 나와 있다. 인체가 주요 영양소를 골고루 섭취하는 것을 방해하는 소위 콜라문화로 대표되는 미국식 삶에 전세계가 종속되고 있다는 목소리가 그것이다. 특히 코카콜라와 햄버거, 피자 등 패스트푸드에 길들여진 청소년들의 건강과 향후 각국 음식문화의 왜곡현상 및 부수적으로 따르는 일회성 문화현상에 대해서도 현대 예술가들은 날카로운 풍자를 던지곤 한다.

코카콜라가 세계 최고의 음식료업체로 성장하고 이를 유지하고 있는 배경에는 철저한 인재관리 및 시장에 대한 도전정신과 함께 상대방이 감동하지 않고는 못 배기는 '인맥 만들기' 등 다양한 마케팅기법을 동원한 20세기 후반의 경영자 로베르토 고이수에타(Roberto C. Goizueta) 회장이 있다. 고이수에타 회장은 코카콜라가 전세계 음료시장을 석권하도록 만들기 위해 세계 어느 곳에서나 공통되며 독특한 성분과 제조법을 갖고 있는 코카콜라의 특성을 활용, 독특한 광고전략을 구사하는 한편, 권력과 전쟁까지도 가차 없이 이용하는 판매전략을 앞세웠다. 특히 민주주의보다 자본주의를 기치로 어떠한 정치적·경제적 여건에서건 판로를 개척하는 도전정신을 가지고, 공산주의국가에도 진출한 기업철학이야말로 그 같은 성공을 가능케 한 밑거름이었다.

고이수에타 회장은 사탕수수 농장과 건설회사를 경영하는 쿠바의 부유한 집안에서 태어난 덕분에 미국에 유학, 예일대를 졸업했다. 1954년 코카콜라 아바나 지사에서 근무를 시작한 고이수에타 회장은 1959년, 혁명에 성공한 카스트로가 사유재산을 몰수하자 미국에 정착했다. 수중에 가진 것이라고는 코카콜라 주식 100장이 전부였던 고이수에타는 회사의 배려로 바다 건너 쿠바를 마주한 마이애미 공항 호텔 사무실에 근무하면서 진면목을 드러냈다. 이 일을 시작한 지 일 년 만에 카리브 지역 코카콜라 총책임자를 맡게 됐고, 5년 후엔 35세의 나이로 최연소 기술개발 담당 부사장으로 초고속 승진을 거듭했다. 그리고 마침내 쿠바를 떠나온 지 30여 년 만에 코카콜라 사장 자리에 올랐다. 8,000달러어치였던 100주의 주식가치는 200만 달러로 뛰면서 그의 정상 등극을 축하해줬다.

고이수에타 회장 특유의 경영 스타일은 업무에 혼신을 다하는 노력과 인간관계를 중시하는 인맥 만들기로 요약된다. 고이수에타는 "콜라 판매는 단순한 물장사가 아니라 사람장사"라는 지론을 펼치곤 했고, 라이벌인 펩시가 피자헛, 타코벨, KFC 등 대형 패스트푸드 체인점 경영에 한눈을 파는 동안, 오직 음료 분야 시설투자와 판매망 및 인맥 구축에 전력투구하는 전략으로 맞섰다. 아르헨티나의 경우 콜라 수입관세가 24%에 달해 수지타산을 맞추기 어렵다는 현지 지사의 보고를 접하자마자 직접 카를로스 메넴 대통령을 찾아간 고이수에타 덕에 두 달 만에 콜라세금이 4%로 떨어지면서 콜라는 곧 아르헨티나의 음료시장을 장악했다. 러시아나 베네수엘라도 고이수에타의 인맥공략에 넘어가 코카콜라에게 시장을 내줬다.

고이수에타의 또 다른 특성은 일 자체를 즐기면서 현실 안주를 허용하지 않는 철저한 경영철학이다. 음료시장이라는 한 우물을 고수하면서 시장 변화 추세를 예의 관찰하고 변신의 노력을 한시도 게을리 않는 탓에 상대 회사의 추격을 좀체로 허용하지 않는다. 스포츠음료시장의 경우 한때 게토레이가 선풍을 일으키며 시장의 80％를 선점하자 1994년 파워에이드를 출시하고 추격전에 나서 다시 시장을 장악했다. 또, 천연음료 스내플이 500억 달러 규모의 미국 내 음료시장의 10％선까지 잠식해들어가자 프룻토피아를 출시해 맞섰고, X세대 등 신세대의 기호를 고려해 다양한 패션용기에 담겨진 OK소다를 개발한 것 역시 현실 안주를 거부하는 그의 경영철학에서 나왔다는 평가다.

　이 같은 코카콜라의 위력과 함께 펩시콜라 등이 국내외 시장에 대한 장악력을 높이면서 한국의 토종 콜라들은 외식업소와 군부대 등 단체납품으로 근근이 명맥을 이어가고 있다. 토종 콜라는 범양식품의 815콜라를 비롯해 해태음료의 콤비콜라와 옐로콜라, 일화의 탑씨콜라 등 네 가지가 출시됐지만 대부분 생산이 중단되거나 군납 등에 그치면서 토종 콜라의 점유율은 1998년의 13％대에서 2003년에는 3％대로 뚝 떨어졌다. 코카콜라 경영자들이 이역만리나 적성국가에까지 잠입해 담판을 벌이고 연구개발에 천문학적인 투자를 하는 열성을 국내 경영자들이 배워야 할 시점인 것 같다.

쓰레기와 뒷골목 문화의 세계화, 휴 헤프너

미국 사회를 상징하는 단어
는 여러 가지이다. 이라크 등 적
대국가에 대해 전쟁도 불사할
정도로 세계 최강의 군사력과
경제력을 보유한 나라이면서도
피상적으로는 민주주의의 요람

휴 헤프너(1926~).

국가처럼 묘사되곤 한다. 엉클 샘, 뉴 프론티어, 프로테스탄티
즘, 경찰국가 등 대부분 근엄하고 친근하며 세계에서 우월적
인 지위나 개념을 갖는 상징언어로 위세를 과시하지만, 그 속
에는 착취와 야만으로 대표되는 패권국가의 속성을 고스란히
지니고 있다. 그러나 그런 형식적인 모습의 이면에는 흑백이나

91

유색인종에 대한 차별, 할렘이나 게토로 불리는 우울한 일상과 함께 향락문화를 대표하는 카지노와 포르노 등의 도색잡지 역시 미국 문화를 대표하는 상징으로 세계에 인식돼 있다. 바로 그 선두에 선 것이 쾌락문화를 선도해온 기업이자 전세계 남성들이 성장하면서 한 번씩은 돌려보는 도색잡지인『플레이보이』다.

남성 취향의 월간 잡지인『플레이보이』는 전세계에 향락문화를 수출해온 미국의 일그러진 뒷모습을 그대로 보여준다. 전면에서는 청교도적인 프로테스탄티즘으로 무장한 미국 사회의 모습이 비쳐지지만, 그 이면에서는 라스베이거스의 카지노와 함께 누드와 포르노로 대변되는 쾌락문화를 주도하고 있기 때문이다. 한때 매월 700만 부가 팔려나갔던『플레이보이』의 발행부수는 지난 1997년에는 320만 부를 기록하는 등 최근 다양한 음란문화의 범람과 경쟁지들의 추격에 의해 하락 추세에 있긴 하지만, 아직도 그 위력은 줄어들지 않고 있다.

『플레이보이』는 1953년『에스콰이어』지의 카피라이터였던 휴 헤프너(Hugh M. Hefner)가 일리노이 대학을 졸업한 27세에 시카고에서 창간하였다. 미술, 음악, 소설 등 예술의 각 분야에서 남다른 조예를 갖고 있던 헤프너는『에스콰이어』지에서 과감하고 색다른 기사로 많은 성과를 올렸다. 그러나 판매부수 신장에 대한 대가로 보수인상을 요구했다가 거절당한 헤프너는 자신의 독창적인 아이디어를 살리겠다며 전무후무한 외설잡지인『플레이보이』를 창간해 세계를 깜짝 놀라게 했다. 당시 헤프너는 창업이념으로 "하루하루를 즐거운 나날이라고 생각하라. 인생은 결코 눈물의 골짜기가 아니다"라는 상징적인 문구를 통해 "생에 활력을 불어넣어주는 신의 축복인 외설물"을 매월 만들어냄으로써 미국 중심의 쾌락 여흥문화를 전세계에 전파했다.

그는 독특한 쾌락주의로 일관하는 내용과 디자인 외에도, 매호 참신한 여성을 플레이메이트(Playmate)로 선정해 이 플레이메이트의 대형 컬러 누드사진을 잡지 속에 넣어 발행했다. 창간호에 영화 「나이아가라」로 유명해진 세기적인 스타 마릴린 먼로의 컬러 누드사진을 장식하는 등 매번 다른 모델을 기용하는 전략과 함께 예술성을 가미한 누드사진을 게재하면서 시중의 화제를 모아나갔고, 잡지는 발매 즉시 날개 돋친 듯이 팔려나갔다.

잡지 발행과 함께 전국 주요 도시에 개설한 '플레이보이 클럽'은 풍만한 유방에 토끼 모양의 옷을 입은 '버니걸(Bunny girl)'로 상징됐다. 창간 이 년 만에 판매부수 40만 부를 돌파하는 등 질주를 거듭한 『플레이보이』는 1960년까지 광고수입 200만 달러, 정기구독자는 100만 명을 기록했고 1970년대 초반에는 700만 부를 돌파하며 '플레이보이 왕국'을 구축했다. 헤프너는 잡지와 함께 100만 회원의 유흥클럽, 플레이보이 상표권을 통한 의류 및 장신구업 석권, 유럽 지역의 카지노 운영, 케이블 TV 내 플레이보이 채널 운영 등을 통해 사업 영역을 확대해나갔다. 하버드 대학의 비즈니스 스쿨에서는 플레이보이 기업에 대한 연구를 통해 "헤프너가 도덕적으로는 문제가 많지만, 사업가로서는 당시 아무도 생각하지 못했던 새로운 영역을 개척해내는 훌륭한 착안을 했다"며 높이 평가했다.

오늘날에는 여성을 남성의 애완물로 보는 듯한 헤프너의 '쾌락주의 철학'에 고루함을 느끼기도 하지만, 당시에는 이미 『킨제이 보고서』(1948)에서 지적되었던 미국인의 성 행동과 성 의식의 변화를 대중문화와 대중소비의 세계로 끌어낸 것이 바로 『플레이보이』다. 따라서 이 잡지의 간행과 보급은 피임용으로 복용하는 필(Pill)의 판매량 증가와 함께 미국의 성혁명사에서 중요한 의미를 지닌 일대 사건으로 평가받고 있다.

한때 700만 부를 넘어섰던 『플레이보이』는 그러나 소비자들의 기호 변화에 따른 적응과 대처에 실패하면서 1980년대 초반 유흥클럽 22개 중 14개를 폐쇄해야 했다. 영국에 설립해 화제를 모았던 카지노 역시 영업정지와 함께 폐쇄되는 등 고전을 면치 못하고 있다. 또, 소비자들의 말초적인 성적 흥분을 자극하는 사업 영역에서 벗어나지 못하는 근원적인 한계에 봉착한 가운데 각종 경쟁잡지들의 출현, 비디오 및 인터넷을 통한 음란 홈페이지와 이메일의 보급으로 인해 발행부수는 최근에는 300만 부를 겨우 넘어서는 등 시련이 계속되고 있다.

세계 최고 강대국이지만 그 뒤에 깔린 밑바닥 문화는 다른 어느 나라보다 타락했고 저급한 것이 미국 문화이다. 이를 세계 각국에 전파하고 또 다른 미국 문화의 사생아를 잇달아 전파하고 있다는 점에서 휴 헤프너의 플레이보이 기업은 화려한 전면에 가려진 미국 문화의 뒷골목과 그 과거 그리고 미래를 적나라하게 대변해주는 대표적인 기업이라고 할 수 있다.

최근 인터넷문화의 확산으로 각종 포르노 사이트와 음란성 케이블 TV가 가정까지 파고들며 기승을 부리고 매매춘이 사회악의 근원으로 꼽히면서도 문전성시의 호황을 누리는 데는 이 같은 '플레이보이적'인 문화가 사회 저변 깊숙이 파고들었기 때문으로 분석된다. 물론 근엄한 사회의 경직성이 해소될 수 있는 일정량의 배출구는 마련돼야 하지만, 가장 창조적이면서도 인격과 인권, 성의 평등이 이뤄져야 할 21세기에 들어와서도 찌꺼기나 쓰레기 문화가 정보사회의 개혁성과 도덕성을 장악해서는 안 될 것이다.

밝고 경쾌한 사회 분위기 속에서 인간의 창의성과 자유로움이 넘칠 때만 '마약과 섹스' '포르노와 매춘' '도박과 중독' 등의 단어로 대표되는 '플레이보이' 문화, 다시 말해 배설문화의 부작용이 극복될 수 있을 것이다. 이와 동시에 어떤 면에서는 가장 미국적인 기업 '플레이보이'가 가졌던 장점, 대중문화와 성혁명이 지녔던 시대정신을 극대화하고 세상의 어떤 것도 수익의 원천으로 삼고야 마는 경영자적인 정신은 '금기'와 '하지 말아야 할 것'이 지나치게 많았던 우리 사회에 중요한 경제적·문화적인 메시지를 제시하고 있다.

미국의 거장들

초판발행 2004년 4월 30일 | 3쇄발행 2008년 8월 25일
지은이 김홍국
펴낸이 심만수 | 펴낸곳 (주)살림출판사
출판등록 1989년 11월 1일 제9-210호

주소 413-756 경기도 파주시 교하읍 문발리 파주출판도시 522-2
전화번호 영업 · (031)955-1350   기획편집 · (031)955-1357
팩스 (031)955-1355
이메일 book@sallimbooks.com
홈페이지 http://www.sallimbooks.com

ISBN 89-522-0218-X 04080
     89-522-0096-9 04080 (세트)

값 9,800원